伊斯兰文化小丛书

# 传统的回归
## ——当代伊斯兰复兴运动
CHUANTONG DE HUIGUI
—— DANGDAI YISILAN FUXING YUNDONG

肖宪 \ 著

中国社会科学出版社

# 图书在版编目（CIP）数据

传统的回归：当代伊斯兰复兴运动/肖宪著．
北京：中国社会科学出版社，1994.11
（2013.1 重印）
（伊斯兰文化小丛书）
ISBN 978-7-5004-1475-9

Ⅰ.传… Ⅱ.肖… Ⅲ.伊斯兰教-研究
Ⅳ.B968

中国版本图书馆 CIP 数据核字（2008）第 190043 号

| 责任编辑 | 任　明 |
| --- | --- |
| 责任校对 | 安　然 |
| 封面设计 | 卓　尔 |
| 技术编辑 | 刘　建 |

| 出版发行 | 中国社会科学出版社 | | |
| --- | --- | --- | --- |
| 社　　址 | 北京鼓楼西大街甲158号 | 邮　编 | 100720 |
| 电　　话 | 010-84029450（邮购） | | |
| 网　　址 | http://www.csspw.cn | | |
| 经　　销 | 新华书店 | | |
| 印刷装订 | 北京兴怀印刷厂 | | |
| 版　　次 | 1994年11月第1版 | 印　次 | 2013年1月第3次印刷 |
| 开　　本 | 787×1092　1/32 | | |
| 印　　张 | 4.5 | | |
| 字　　数 | 68千字 | | |
| 定　　价 | 12.80元 | | |

凡购买中国社会科学出版社图书，如有质量问题请与本社发行部联系调换
**版权所有　侵权必究**

# 《伊斯兰文化》丛书
## 编辑委员会

主　编：吴云贵　秦惠彬　周燮藩

编　委：(按姓氏笔画排列)

马忠杰　王怀德　冯今源

李兴华　余振贵　杨永昌

金宜久　郑文林　周用宜

高中毅　黄燕生

# 编者献辞

十余年来,在改革开放的热潮中,我国学术界迎来了企盼已久的春光,相继出版了大量的多学科、不同层次的著作,为读者们提供了可贵的精神食粮,受到了欢迎和赞赏。然而相比之下,宗教读物尤其是有关伊斯兰教的著作,在我国文化市场上依然少见,难以满足读者的需求。为此,我们向读者推出这套通俗性的宗教知识读物,为我国文化事业百花园奉献一束小花,愿读者在涉猎中获得心灵上的启迪、情趣上的满足。

作为世界三大宗教之一的伊斯兰教,流传广泛,经久不衰,迄今仍影响着数以亿计的世界广大人口;千姿百态的伊斯兰文化源远流长、根深叶茂,对人类文明作出过巨大的贡献。作为一种文明方式,其相关研究不论在东方穆斯林世界还是在西方基督教世界,均已达到空前的规模,成为人类文化研究的重要区域,引起高度的重视。如今改革开放的大潮早已把国人推出家门、涌向世界,汇入人类文化的海洋;我国人民同发展中的伊斯兰国家的交往愈益增多,遍及政治、经济、外交、文教各个领域,甚至在看似无关的经贸交易、投资活动中也同样蕴含着包括宗教传统在内的文化因素,潜移默化地影响着人们的思想观念、经济决策、经济行为。这些都提示国人增强文化意识,涉猎国际文化知识,加深对伊斯兰文化的理解。

伊斯兰教步入华夏大地已有千余年之久,她已在这里生根,开花,结果。我国的回、维吾尔、哈萨克、柯尔克孜、塔吉克、乌兹别克、塔塔尔、东乡、撒拉、保安等 10 个民族几乎全民信仰伊斯兰教。中国伊斯兰教早已不再是异质的外域文化,而成为中华民族传统文化的一部分。饱受"十年动乱"之苦的我国各族人民珍视来之不易的安定团结局面,国家长治久安的大计更把各族人民兄弟般的团结提高到政治原则高度。而欲维护和加强民族团结,除了政治方向的一致性而外,不同民族之间还需要有心灵、情感、文化上的理解、交流、沟通,这也要求我们加深对作为我国少数民族文化传统一部分的伊斯兰文化的理解

## 编者献辞

和尊重,以增强中华民族的内聚力,共同致力于国家现代化建设。

若本丛书能使读者开卷有益,能使读者拓宽视野、增进知识、奋发向上,我们将感到无限的欣慰。我们也热诚地欢迎读者对本书提出批评与建议。

《伊斯兰文化》丛书编委会

1993 年 7 月 30 日

# 前　言

20世纪70年代末80年代初，在全世界穆斯林最为集中的中东地区发生了一系列震惊世界的重大事件：

1979年2月，伊朗数百万穆斯林在宗教领袖霍梅尼的领导下，进行了一场震撼世界的"伊斯兰革命"，推翻了当时号称"世界第五军事强国"的伊朗巴列维国王政权，建立了"伊朗伊斯兰共和国"。

1979年11月，伊斯兰教的第一大圣地麦加，最神圣的麦加大清真寺被一批宗教极端分子占领，他们自称"马赫迪"（救世主），并宣称要推翻腐败的沙特王室政府。沙特当局出动了大批军警，经过20多天的激烈战斗，才平息了这次动乱。

1979年12月，苏联10多万军队侵入阿富汗，受到了阿富汗穆斯林游击队的顽强抵抗。他们在伊斯兰"圣战"的旗帜下，与苏军展开了长达10余年的战争，并取得了最终的胜利。

1980年9月，具有深厚宗教色彩的一场大规模战争在西亚的两个伊斯兰大国伊朗和伊拉克之间爆发，两伊双方都声称自己是为伊斯兰而战。在狂热的宗教情绪支配下，战争空前惨烈，历时八年，伤亡人数逾百万。

1981年10月，实行对外开放和自由经济、并与以色列媾和的埃及总统萨达特在出席庆祝"十月战争"阅兵式时，被信奉伊斯兰原教旨主义的士兵杀死在检阅台上。这些士兵声称他们杀死的是伊斯兰教的叛徒。

1982年2月，叙利亚的哈马市发生严重骚乱，"穆斯林兄弟会"与政府军展开了10余天的战斗，整个城市几乎被夷为平地，死伤2万多人。

1983年10月，在黎巴嫩贝鲁特，一辆装满炸药的汽车冲进美、法"维持和平部队"驻地，造成100多人死亡，200多人受伤。黎巴嫩什叶派穆斯林声称是他们进行的这次自杀性攻击。

……

这些突如其来的事件都是在伊斯兰口号下进行、在伊斯兰旗帜下发生的。不仅发生的地域几乎全在中东地区，而且时间也集中在70年代末和80年代初。

它们对整个世界的政治、经济所产生的冲击也是前所未有的。

与此同时，在许多穆斯林国家的社会中，人们看到的是范围更为广阔、内容更为丰富的"伊斯兰现象"：

大批新清真寺被修建了起来；参加礼拜、朝觐等各种宗教活动的人数大增，每天到礼拜的时候，清真寺传出的唤拜声不绝于耳，银行、商店、学校的活动都停下来，让人们参加礼拜；男女青年们又纷纷穿起了传统服装；没有利息的伊斯兰银行受到人们的欢迎；一些国家实施或恢复了伊斯兰教法，禁酒、禁赌、禁西方式娱乐……

许多国家在政治上也日益"伊斯兰化"。一些政府在实施内外政策时，都大量使用伊斯兰教语言，以伊斯兰教为价值标准，并依靠宗教权威来维护其统治的合法性。而各国的政治反对派也利用伊斯兰教来攻击和反对政府，争取人民的支持。政府与反对派的"竞争"使伊斯兰教的政治地位不断提高。

国际性伊斯兰教活动也在明显增多。穆斯林国家之间除了在政治、经济方面开展合作外，在宗教、文化、教育、社会发展等方面也加强了来往。一年一度的麦加朝觐活动成了各国穆斯林之间交往的盛大聚会。每年

200多万穆斯林在朝觐季节云集麦加,其场面既宏伟又壮观。世界上穆斯林的人数也在迅速增加,尤其是在非洲、东南亚和欧美发展得很快。

……

许多人被这一系列令人眼花缭乱的事件弄得目瞪口呆,不知所措。他们不明白究竟是一股什么力量搅动了中东地区,搅动了整个伊斯兰世界,激起了当地人民如此激烈和狂热的感情。他们也难以理解为何这股力量竟有如此巨大的能量,能对这么多的国家和这么多的人民产生如此猛烈的冲击。

世界各国的新闻界、政治界、学术界也纷纷迅速开展了对这一现象的报道和研究,政治家、分析家、记者和学者们用各种各样的名词来描述和称呼它,"宗教激进主义"、"伊斯兰的再生"、"伊斯兰的复活"、"泛伊斯兰主义"、"战斗的伊斯兰"、"伊斯兰原教旨主义"、"伊斯兰复兴",等等。自70年代后期以来,一本又一本关于伊斯兰教的著作在许多国家出版,人们用各种各样的观点和方法来分析、解释、研究这一现象。

在我国也不例外,许多从事国际问题、宗教学、民族学、社会学的专家、学者从一开始就对这个问题给予了密切的关注,进行了深入和广泛的研究。我国学术界现在比较统一地把这个席卷伊斯兰世界的运动称为"伊斯兰复兴运动"。

很多人注意到，这个在70年代末80年代初一度达到高潮的伊斯兰复兴运动，在80年代中期相对平静了一段时间后，自80年代末又进入了一个新的活跃时期：

约旦的穆斯林兄弟会通过竞选已基本控制了议会；

苏丹的伊斯兰原教旨主义者通过军事政变完全掌握了政权，被认为是继伊朗之后出现的又一个"对内全面伊斯兰化，对外输出伊斯兰革命"的国家；

阿富汗伊斯兰圣战者游击队夺取政权后，已使阿富汗成为了一个原教旨主义国家；

阿尔及利亚的"伊斯兰拯救阵线"在全国大选中获得压倒性胜利，几乎要合法地取得国家政权；

黎巴嫩的"真主党"、巴勒斯坦的"哈马斯"同世俗的民族主义势力一样，成为与以色列战斗的主要力量。但它们竭力反对中东和平谈判；

伊斯兰文化和宗教思潮在苏联的中亚各国迅速复苏，许多伊斯兰国家在中亚地区开展了政治、经济、文化方面的"大竞争"；

在伊斯兰口号下的暴力恐怖浪潮再次席卷埃及、阿尔及利亚、突尼斯等北非国家……

# 目　录

**前言** …………………………………………（1）

**一、历史的回顾** ………………………………（1）
　　1. 西方的冲击与伊斯兰世界的衰落 ………（2）
　　2. 伊斯兰复兴的先声 ………………………（8）
　　3. 哈桑·班纳和穆斯林兄弟会……………（12）
　　4. 战后伊斯兰世界……………………………（17）

**二、伊斯兰的回归** ……………………………（21）
　　1. 新泛伊斯兰主义……………………………（22）
　　2. 沙特阿拉伯的崛起 ………………………（27）
　　3. 伊斯兰宗教思想的勃兴 …………………（32）
　　4. 回归伊斯兰 ………………………………（37）

5. 宗教政治化——伊斯兰复兴的归宿……（40）

## 三、伊斯兰原教旨主义……（45）
1. 伊斯兰原教旨主义的历史渊源………（46）
2. 传统伊斯兰政治思想集大成者
   ——毛杜迪………（48）
3. 阿拉伯伊斯兰原教旨主义的灵魂
   ——库特卜………（52）
4. 从教法学家到国家领袖的阿亚图
   拉霍梅尼………（57）
5. 伊斯兰原教旨主义极端派………（62）
6. 吉哈德——伊斯兰的圣战………（66）

## 四、伊斯兰潮的冲击……（69）
1. 埃及——延绵不断的政教斗争………（70）
2. 伊朗的伊斯兰革命………（80）
3. 流血的圣地——麦加大清真寺
   事件………（85）
4. 阿富汗的圣战者抵抗运动………（90）
5. 巴基斯坦、土耳其、马来西亚、
   利比亚………（95）

## 五、对现在和未来的挑战 ……………（100）
1. 《撒旦诗篇》引起的轩然大波 ………（101）
2. 席卷阿尔及利亚的"伊斯兰政潮" ……………………………（105）
3. 约旦河西岸和加沙地带的"哈马斯" ……………………………（110）
4. 中亚争夺战 ……………………（115）
5. 走向21世纪的伊斯兰教 …………（120）

## 代结语 ……………………………………（123）

# 一、历史的回顾

任何一种社会政治运动都不会无缘无故地发生的，同样，当代伊斯兰复兴运动的兴起和发展也是有着深刻的历史原因的。

所谓"复兴"是相对"衰落"而言的，没有"衰落"也就谈不上"复兴"。那么，作为世界三大宗教之一的伊斯兰教是从何时开始衰落？它是如何开始衰落？又是怎样开始复兴的呢？在谈及当代伊斯兰复兴运动之前，我们有必要简单地回顾一下近代伊斯兰教的历史。

# 1. 西方的冲击与伊斯兰世界的衰落

伊斯兰教自7世纪在阿拉伯半岛诞生之后，在创始人、伊斯兰教"先知"穆罕默德的领导下，信教的阿拉伯人组成了一个政教合一的伊斯兰国家，并不断地向外开拓发展，传播伊斯兰教。到8世纪中期，阿拉伯人已在伊斯兰教的旗帜下，建立起了横跨亚、非、欧三大洲的大帝国，伊斯兰教也得到了迅速广泛的传播，许多不同的民族都接受了伊斯兰教，伊斯兰教成为信仰人数仅次于基督教的世界第二大宗教。9世纪到13世纪，是伊斯兰教发展的鼎盛时期。伊斯兰文化空前繁荣，对中世纪的世界文明作出了巨大贡献。

然而，到了13世纪后，"伊斯兰世界进入了政治上和思想上的停滞时期"。从11世纪至13世纪，欧洲的基督教发动了对伊斯兰世界长达200多年的"十字军东征"。13世纪中期，成吉思汗的蒙古军队又进行了"西征"，蒙古骑兵的铁蹄横扫整个中亚和西亚地区。统一的伊斯兰世界变得支离破碎、四分五裂。繁荣的伊斯兰文化受到极大的摧残，伊斯兰的迅速发展受到了扼制。直到16世纪出现了逊尼派土耳其人建立的奥斯曼帝国,什叶派伊朗人建立的萨法维王朝和印度穆斯林建立的莫卧儿王朝之后,一度衰落的伊斯兰世界才又重新兴盛和强大起来。

但是,18世纪欧洲工业革命以后,欧洲国家凭借强大的经济和军事实力,开始向外大规模进行殖民扩张。处于东西方之间的伊斯兰世界首当其冲地成为欧洲殖民主义的侵略目标。在欧洲帝国主义咄咄逼人的攻势下,伊斯兰世界完全处于被动挨打的地位。1798年拿破仑的军队在埃及亚历山大港登陆,标志着伊斯兰世界全面衰落的开始。到了19世纪末,伊斯兰世界的大部分地区先后沦为西方帝国主义的殖民地和半殖民地。

欧洲人成了伊斯兰世界大部分地区的主宰。他们人为地划分出一块又一块地区,作为自己的势力范围。于是,世界地图上出现了伊拉克、利比亚、黎巴嫩、巴勒斯坦、索马里等许多国家。从荷兰统治下的印度尼西亚,英国统治下的印度、埃及,到法国、意大利和西班牙统治下的北非,各穆斯林国家不仅丧失了政治和经济上的独立,在思想和文化上也逐渐失去了原有的特征。

欧洲殖民主义者除了从人力和资源上对这些国家

和地区进行疯狂的掠夺外，还不遗余力地进行思想和文化的侵略。伊斯兰教被说成是一种"野蛮和愚昧"的宗教。他们说，"基督教本质上是一种讲灵魂的宗教，而伊斯兰教本质上是不讲灵魂的"。欧洲国家派出了许多基督教传教士到中东、东南亚等地，他们开办教会学校，发展慈善事业，争夺民心，企图使当地的穆斯林改信基督教。

当然，有着辉煌历史和强大生命力的伊斯兰教是不甘沉沦的。为了维护伊斯兰教的价值和民族的尊严，穆斯林曾在伊斯兰教旗帜下对西方帝国主义的侵略进行了反抗和斗争，如阿拉伯半岛的瓦哈比运动、波斯的巴布教派运动、苏丹的马赫迪运动、阿富汗的抗英斗争以及土耳其奥斯曼苏丹哈米德二世倡导的泛伊斯兰活动等。但是这些活动或是以失败告终，或是局限于某一地区，未能对整个伊斯兰世界产生较大影响。正如一位巴基斯坦的穆斯林历史学家赛义德·马茂德所说的："19世纪是伊斯兰教的昏暗时期。其间，所有的伊斯兰国家都已开始崩溃。西方与伊斯兰教之间的长期斗争，似乎已经以前者的胜利而告终。"

从20世纪初开始，各穆斯林国家开始了争取民族独立的艰难斗争。第二次世界大战结束后，很多地

## 一、历史的回顾

区的穆斯林取得了政治上的独立,建立了自己的民族国家。但长期的殖民统治和掠夺,使大多数穆斯林国家的经济文化十分落后,人民群众的生活水平非常低下。如阿富汗、也门、索马里、埃及等穆斯林国家都属于世界上最贫穷国家之列。即使有少数国家,如沙特阿拉伯、科威特、利比亚等,因有石油资源而富裕,但它们的经济结构也非常单一,对外依赖相当严重。这一切与昔日伊斯兰世界的繁荣,已是不可同日而语了。

伊斯兰教衰落的另一个表现是世俗化的发展。

在伊斯兰教的早期历史中,是没有宗教和世俗之分的。因为伊斯兰教被认为是一种完善的宗教,它不但规定了人与真主之间的关系,而且也规定了人与人之间的关系。宗教领袖就是国家的领导人。宗教的教规也就是国家的政治、社会和法律制度。社会生活的各个方面,包括人们的衣食起居,言谈举止都属于伊斯兰教的一部分。后来虽然出现了政治和宗教在一定程度上的分离,但伊斯兰教在国家政治生活中仍发挥着极其重要的影响,并在社会生活中起着支配性的作用。

在西方殖民统治时期,殖民主义者用武力把西方的意识形态、价值观念以及政治、法律制度带进了一些穆斯林国家。还有的国家看到西方的强大，认为西方的思想文化和政治制度是优越的，从而主动地学习和引进西方的文化、思想、制度，以替代传统的伊斯兰文化和社会制度。一批批年轻人被送到欧洲去学习，或者接受欧洲式的军事训练。当这些人带着西方的思想文化和生活方式回到自己的国家，并成为本国有社会地位和影响的人物后，西方化、世俗化也就开始在伊斯兰世界产生了。

穆斯林各国在争取民族解放的斗争中，起源于西方的民族主义思想也在伊斯兰世界广泛传播。民族主义的目标是争取民族独立，建立并保持具有一定地域范围的民族国家。这种思想认为，构成一个民族的主要因素是这个民族的共同历史，文化、语言和血缘、地域联系，而宗教并不被看作是构成民族的主要因素。在20世纪前期反帝反殖的民族解放斗争中，民族主义成了伊斯兰世界主要的政治思潮，诸如阿拉伯民族主义、土耳其民族主义、波斯民族主义、埃及民族主义和伊拉克民族主义都很流行。传统的伊斯兰教虽然也在斗争中发挥作用，但已退居次要的地位。

在世俗化道路上走得最快最远的国家是土耳其。1919—1923年，民族主义者凯末尔领导的资产阶级革命在原奥斯曼帝国的废墟上建立了土耳其共和国。

一、历史的回顾

在革命后的几年里,新政权实行了一系列世俗化改革,如取消宗教基金部、关闭宗教学校、撤销宗教法庭、废除伊斯兰教法,代之以按西方法律制定的民法、刑法和商法。同时政府还采取措施,实行政教分离。1924年,议会废黜最后一任苏丹-哈里发,并宣布取消在伊斯兰世界实行了1300多年的哈里发制度。1928年,土耳其议会进一步作出决定,从宪法中删除伊斯兰教为国教的规定。另外,土耳其政府还通过法令,进行社会习俗的改革,如禁止男子戴具有宗教色彩的红毡帽和女子戴面纱,改伊斯兰历法为公元历法,把休息日从星期五改为星期日,等等。政府还对宗教势力的反抗予以严厉的镇压。到30年代初,原来伊斯兰教影响十分深厚的土耳其,已俨然成了一个西方式的世俗国家。

第二次世界大战以后,一批穆斯林国家取得了政治独立。这些国家的政治制度、法律制度基本上是按照西方世俗的民族国家模式建立的。伊斯兰教在国家政治生活中的影响进一步下降。在一些世俗化发展较快的国家中,如土耳其、叙利亚、埃及等国,伊斯兰教基本上已脱离了政治,成了个人的私事。

## 2. 伊斯兰复兴的先声

从伊斯兰教本身来看，近代以来它也处于一种僵化和停滞的状态之中。中世纪形成的复杂繁琐的教义取代了伊斯兰教早期简单明快的教义。伊斯兰的政治性和社会性被淹没在冗长琐碎的教法条文、固定不变的礼仪习俗和浩繁呆滞的典籍、教法、教条之中了。传统的宗教阶层（乌里玛）越来越依附于世俗的统治者。人们的思想被禁锢于固定的思维模式之中，伊斯兰教早期的活力逐渐丧失。例如，著名的开罗艾资哈尔清真寺的大穆夫提（教法阐释者）在19世纪后期颁发的一项法特瓦（教令）中宣布，只有四个正统的教法学派才符合伊斯兰教，"背离四大教法学派就意味着希望生活在错误之中"。他坚决反对穆斯林进行"伊智提哈德"（独立判断或推理），称"伊智提哈德的光辉早已消失，当今已没有谁能够具有这样的学识。认为自己能够独立作出判断的人将会受到的他的幻觉或魔鬼的影响"。

从19世纪下半叶开始，一些穆斯林政治家、思想家开始了探索"复兴伊斯兰"的道路。他们中有

# 一、历史的回顾

以哲马路丁·阿富汗尼为代表的泛伊斯兰主义者,以穆罕默德·阿布杜和赛义德·阿赫默德汗为代表的伊斯兰现代主义者,以拉希德·里达为代表的"萨拉菲亚"(复古或先辈)运动,以及其他各种改良主义者等。他们都希望通过自己的努力,恢复和加强伊斯兰教在政治和社会中的地位,重新恢复它的活力,使之能在当代世界中与西方势力相抗衡。

哲马路丁·阿富汗尼(1839—1897)出生于伊朗,曾任阿富汗大臣,后辗转活动于土耳其、埃及、印度、伊朗、伊拉克等地,并到过英国、法国、俄国,终生致力于泛伊斯兰主义的宣传鼓动。早在19世纪中期,他就明确指出:"整个伊斯兰世界,而不仅仅是它的这一部分或者那一部分,都已受到了强大的、咄咄逼人的西方势力的威胁。"他主张,穆斯林不能再使自己被分割为一些孤立的"民族"或"国家",而应该联合起来,组成一个统一实体,以求伊斯兰世界的生存和振兴。他说,伊斯兰一度是很伟大的,如果不让欧洲把自己踩在脚下,伊斯兰还能重新变得伟大。伊斯兰必须抵抗,因为它能够抵抗。抵抗的方法是在每一个穆斯林国家里实行改革,以图自强,然后把这些国家联合在一个伊斯兰联邦或邦联之内。他提出的口号是:"全世界的穆斯林,联合起来!"他还提出,穆斯林必须学习现代科学知识,改革传统的教育制度。阿富汗尼对近现代伊斯兰教的发展产生了极大的影响,他被认为是近代第一位伟大的伊斯兰思想家和政治家。

穆罕默德·阿布杜(1849—1905)是阿富汗尼的学生,出生于埃及。他19世纪末曾任教于艾资哈尔大学,后任全埃及大穆夫提。在此期间,他对宗教进行了改革,系统地提出了伊斯兰现代主义的理论。阿布杜认为,伊斯兰教衰落的主要原因就是丧失了其早期的纯洁性和不断发展的活力。因此,他的宗教改革包括革除繁琐的宗教习俗,简化宗教礼仪,制定适合现代社会的伊斯兰法律制度。他特别强调"伊智提哈德",也就是根据伊斯兰教精神进行独立的、理性的思考,以使伊斯兰教能不断适应现实情况的发展。由此出发,阿布杜提倡发展现代教育体系,鼓励穆斯林学习现代文化和科学知识,包括学习西方国家的某些法律和政治制度。另外,阿布杜还寄希望于一位"正义的专制君主"和一代新型的、具有现代意识的宗教职业者(乌里玛)。伊斯兰现代主义对当代伊斯兰世界产生了深远的影响,现在许多伊斯兰国家官方实际上都是以现代主义的态度来制定和实施其内外政策的。

一、历史的回顾

拉希德·里达（1865—1935）是叙利亚人。他是阿布杜的学生，但在伊斯兰政治思想方面，他比阿布杜更加激进。他认为，应该抛开现在的一切，回到先知穆罕默德和伊斯兰早期的先辈（沙拉非叶）那里去寻找伊斯兰教的真正精神，然后再把它们应用到当代社会之中。按照这一思路，里达构思了他理想中的现代"伊斯兰国家"的蓝图：完全按照《古兰经》和对圣训建立的法律体系，一位由所有穆斯林选出的、具有创制能力的国家领导者称为"哈里发"或"最高伊玛目"，等等。他还指出，这样的伊斯兰国家并不排斥现代西方文明，乃至政治制度。有人认为，从某种意义来说，拉希德·里达的政治思想实际上已开创了当代伊斯兰原教旨主义的先河。

从阿富汗尼到阿布杜，再从阿布杜到里达，19世纪末20世纪初伊斯兰思想界出现了一次改革的高潮。这些近代的穆斯林思想家的方法和目标虽然不一样，但他们的共同特点是提倡独立思考和判断，摆脱各种繁文缛节，把理性思维重新引入伊斯兰教。伊斯兰现代主义思想家阿布杜认为，他自己一生的目的"就是要使思想从因袭传统的束缚下解放出来"，依据伊斯兰教的本来精神来理解它，"在获得宗教知识的过程中反溯它最初的源泉，并以人类理性的尺度对

11

它加以衡量"。

由于时代的限制和其他各种原因,他们的努力并没有达到预期的目的。但是,他们领导的这些运动使许多穆斯林的宗教政治意识开始觉醒,在一定程度上使伊斯兰教得以振兴,从而几个世纪以来停滞不前的伊斯兰教思想界出现了新的活力和生机,并为当代伊斯兰复兴运动的兴起开辟了道路。

## 3. 哈桑·班纳和穆斯林兄弟会

使近代伊斯兰思潮和运动与当代伊斯兰复兴运动连接起来的重要一环是本世纪20年代埃及"穆斯林兄弟会"的建立。

许多世纪来,埃及在政治上和文化上都是伊斯兰世界的中心。自1882年起,埃及正式成为英国的被"保护国",开始处于英国直接的殖民统治之下。到本世纪初,西方影响已深深地渗入埃及人的思想、文化和社会生活之中。在一些穆斯林看来,埃及社会已腐败了,它已成了一个世俗的、物质的和非伊斯兰的社会了。持这种看法的人中就有穆斯林兄弟会的创建者哈桑·班纳(1905—1949)。

## 一、历史的回顾

哈桑·班纳出身于一个传统的宗教家庭,其父曾在艾资哈尔大学学习过,是当地清真寺的领拜人和宗教教师。班纳从师范学校毕业后在苏伊士的伊斯梅利亚任小学教师。他本人是一名虔诚的穆斯林,而且受激进的伊斯兰思想家拉希德·里达的影响。他对埃及社会受西方影响而"世风日下"深感不安。面对世俗化和西方化在埃及的发展,班纳认为,当代埃及的青年们继承的伊斯兰教是一个"腐败的宗教",他们的思想中充满了"疑问和困惑"。在他看来,世俗教育、模仿西方的法律制度、形形色色的政治党派,以及日益流行的西方生活方式等等,都是对伊斯兰教的侵蚀。针对这种趋势,他1928年与几个志同道合的朋友一起建立了"穆斯林兄弟会",这个名称取自《古兰经》中"穆斯林皆兄弟"的箴言。他们想通过这样一个组织来逐渐清除外来影响,纯洁社会和人们的思想,并最终建立一个完全符合《古兰经》原则的伊斯兰政府。

穆斯林兄弟会开始时是一个非暴力的宗教组织,旨在通过讨论研究、交流和宣传,来维护和弘扬伊斯兰教义和精神。它还开展各种社会、文化活动,建立了一些学校、文化俱乐部,并组织成员进行互助和发展慈善事业。到30年代后期,在反对英—埃条约的斗争中，穆斯林兄弟会开始走向政治化。哈桑·班纳在一系列讲演和文章中阐明了他的政治思想，主要包括这样一些内容：

（1）伊斯兰教的包容性。他说："伊斯兰具有广阔的意义，它不同于人们的狭隘理解，因为我们相信，伊斯兰无所不包，它涉及生活的一切方面。"它可适用于任何时代以及任何地方。他在穆斯林兄弟会1938年出版的第一期《向导》上写道："伊斯兰是崇拜和领导，宗教和国家，精神和行动，祈祷和奋斗，服从和统治，古兰经和利剑。两个方面是不可分割的。"

（2）强调伊斯兰教的原旨教义。班纳认为，伊斯兰只来自两个最根本的源泉，即《古兰经》和圣训，并认为伊斯兰教适用于一切时间和一切地点。他在演说中说："伊斯兰制度应用最初的源泉来浇灌……我们要站在先知们的立场上，避免用同真主不同的标准来要求我们自己。"

（3）坚持伊斯兰教的统一性和哈里发制度。班纳说："伊斯兰是信仰和崇拜，是祖国和民族。所有的穆斯林是一个民族，伊斯兰祖国是一个国家。"他还在1938年兄弟会第五次大会上说："穆斯林兄弟认为，哈里发是伊斯兰统一的象征，是伊斯兰各族相互

## 一、历史的回顾

联系的标志。这是伊斯兰教的礼仪,所有穆斯林都要尊重它。"

穆斯林兄弟会对手工业者、农民、小职员和小知识分子等下层群众有极大的吸引力,他们生活在社会最底层,对现实不满,而他们本身受西方影响也最少,最容易接受这种简单明了的伊斯兰教宣传。因此,穆斯林兄弟会发展很快。1933年兄弟会在开罗建立了总部,并在全国50个地区建立了分支组织。兄弟会的成员们聚集在一起祈祷,听他们的领导人的谈话。每5—10个人组成一个最基本的组织——"家庭","家庭"中的成员以兄弟相称。由"家庭"又组成"家庭","家庭"之上有"队",由"队"又组成"团"。后来,兄弟会还建立了一些秘密组织。兄弟会的最高领导称为总训导师,哈桑·班纳一直担任总训导师。

40年代后期,穆斯林兄弟会的成员在埃及已达50万人左右,5000个分支组织遍布社会各基层,并建立了它自己的武装。它还先后在叙利亚、约旦、巴勒斯坦、苏丹等地建立了组织。到此时,兄弟会已明确提出了自己的口号:"《古兰经》是我们的宪法,先知是我们的向导,为真主而光荣献身是我们最崇高的理想。"

兄弟会开始与埃及法鲁克国王保持着良好的关系，因为国王希望利用传统色彩深厚的兄弟会来与一度执政的民族主义政党——华夫脱党对抗，而兄弟会也希望依靠国王来扩大自己的势力。第二次世界大战期间，兄弟会的军事实力进一步得到加强。战后，它的许多成员作为志愿人员参加了1948年5—6月反对以色列建国的巴勒斯坦战争。此时，它不但有自己的武装，而且还拥有自己的工厂、公司、学校、医院……俨然成了埃及的一个国中之国。

兄弟会力量的迅速上升和实行社会伊斯兰化的要求引起了王室和政府的不安，他们担心兄弟会继续发展下去将威胁国家政权的存在，于是决定采取镇压措施。1948年底，埃及政府藉口查获了兄弟会颠覆活动的证据，逮捕了兄弟会的一些领导成员。12月政府首相努克拉希下令取缔兄弟会组织，禁止其一切活动，并没收其财产。兄弟会决心进行报复，不久后，努克拉希就被一名兄弟会成员刺死。而兄弟会领导人哈桑·班纳也于1949年2月在开罗被政府派人暗杀。

法鲁克国王政府的镇压，使兄弟会遭到了自成立后的第一次严重打击，它从此走上了与政府对抗的道路。哈桑·班纳虽然死了，但他创建的穆斯林兄弟会却依然存在，它的宗教政治思想、组织形式以及活动方式还有了进一步的发展,其影响也在埃及社会中进一步扩大,并广泛地传播到伊斯兰世界其他地方。穆斯林兄弟会作为当代伊斯兰世界第一个下层群众的宗教政治组织,对后来伊斯兰复兴运动的全面兴起所产生的影响是极为重大和深远的。

## 4. 战后伊斯兰世界

"伊斯兰世界"是一个意义广泛的名词,也有人从其人口构成出发把它称为"穆斯林世界"。由于人们所处的角度不同,或是掌握的统计材料不同,对"伊斯兰世界"也有不同的理解。例如,有人认为,伊斯兰世界就是由所有穆斯林占人口多数的国家组成的国家群体;有人认为,伊斯兰世界包括所有"伊斯兰会议组织"(1971年成立)的成员国(其中有的国家穆斯林人口并不占人口多数);也有的人把伊斯兰世界理解为不受民族或国界限制的某种地域范围;还有人认为,伊斯兰世界是无形的,它不受自然、地理和国家边界的限制,地球上任何地方的穆斯林都是伊斯兰世界的一员,而现在多数人所说的"伊斯兰世界",是一个把政治因素、人口因素和地理因素结合起来考虑的综合概念。但无论从什么角度来看，伊斯兰世界在国际社会中都是一支举足轻重，有着巨大影响和巨大潜力的力量。

第二次世界大战后，随着民族解放运动的不断高涨，在亚非地区先后出现了35个以穆斯林人口为主的独立国家。这些国家从非洲大西洋沿岸向东一直延伸到南太平洋地区，包括北非、西亚、南亚和东南亚，面积2500多万平方公里，约占地球陆地面积的五分之一。这些国家的人口60年代后期约为5亿，约占世界人口的五分之一。除伊斯兰国家外，全世界还有相当数量分散在许多国家的穆斯林少数民族。

然而，近一个世纪的殖民统治给战后伊斯兰世界留下的是一派贫穷落后、四分五裂的景象。国家与国家之间、地区与地区之间存在着千差万别：这里既有土耳其、叙利亚等实现了政教分离的世俗化共和国，也有沙特阿拉伯、约旦和海湾国家等基本上还保持着传统社会结构和政教合一政体形式的君主制国家；既有世界上最富裕的科威特、阿联酋、卡塔尔等国家，也有世界上最贫穷的阿富汗、也门、孟加拉、苏丹等国家；伊斯兰世界中既有生活在伊斯坦布尔、亚历山大等欧洲化大城市中的世俗中产阶级，也有居住在传统宗教气氛浓厚的小城镇中虔诚的穆斯林市民，还有

## 一、历史的回顾

保留着许多前伊斯兰时代习俗、生活在茫茫沙漠之中的游牧贝杜因人；在巴基斯坦、印度尼西亚等地，许多讲不同语言、有着不同习俗的民族、部族组成了一个国家，而讲同一种语言、有共同文化和历史的阿拉伯民族却分成了 20 多个国家。一些国家之间由于教派分歧、领土纠纷、民族矛盾、历史恩怨而关系紧张，战争冲突时有发生。

在对外关系上，这些伊斯兰国家由于自身利益和安全需要，在一定历史时期，不得不分别依赖以美、苏为首的东西方两大集团：土耳其、沙特、伊朗、巴基斯坦等国依附美国，叙利亚、伊拉克、阿尔及利亚、前南也门等则倒向苏联。

在各国争取民族解放的斗争中，民族主义是主要的旗帜。当然，伊斯兰教也在其中发挥了作用。一位美国学者戈弗雷·詹森在其著作《战斗的伊斯兰》中说，伊斯兰世界的民族主义包含了大量的伊斯兰因素，如果没有伊斯兰教，这些民族争取自由斗争的胜利将推迟几十年。然而，战后大多数国家占统治地位的都是各种源自西方的意识形态，民族主义、自由主义、社会主义、共产主义，传统的伊斯兰教的政治功能已被削弱到最低的程度。凯末尔、纳赛尔等民族主义领袖在动员和领导人民反击西方基督教势力时，往往以伊斯兰的保卫者的面目出现。但是一旦外患消除，他们就在国内开始民族主义的世俗化改革。在许多国家里，伊斯兰教只被当作一种民族文化遗产来对待。如在叙利亚和伊拉克执政的"阿拉伯复兴社会党"的纲领是"阿拉伯统一，自由，与社会主义"，而伊斯兰教只被称为先辈留下来的精神力量。

50—60年代，当看到纳赛尔、布迈丁、苏加诺等民族主义领袖在大规模群众集会上振臂一呼，万众欢腾的场面时，许多人相信，伊斯兰教确实已经衰落了，它在国家政治生活和国际关系中已不起多少作用了。一位伊斯兰历史学家希沙姆·沙拉比1966年写道："在当代阿拉伯世界，伊斯兰教已经完全被忽略了。"

# 二、伊斯兰的回归

毫无疑问，在第二次世界大战后的20年，也就是从40年代中期到60年代中期，亚洲、非洲和拉丁美洲最强大的潮流就是在民族主义旗帜下进行的反帝反殖，争取国家独立和民族解放的斗争。同样，当民族解放运动席卷伊斯兰世界时，人们听到的最强大的声音是民族主义者的号召，伊斯兰教被淹没在民族主义运动的战斗呐喊声中了。然而，到60年代中期以后，这股潮流改变了，伊斯兰的声音又开始响亮起来了。最初是新泛伊斯兰主义的呼唤，随后便是伊斯兰复兴思潮的全面高涨。到70年代后期，伊斯兰变成了压倒一切的最强音。

## 1. 新泛伊斯兰主义

在早期伊斯兰教中，是没有"民族"或者"国家"概念的，所有的信教者（穆斯林）共同组成的团体称为"乌玛"。乌玛由先知穆罕默德及其之后的哈里发领导，它的基础是对伊斯兰教的共同信仰，不受语言、地域、各族的限制，凡是信仰伊斯兰教的人都是乌玛的成员。后来也有人把它称为"穆斯林民族"、"穆斯林国家"或"穆斯林共同体"。

实际上，真正作为一个穆斯林共同体的乌玛，在历史上只存在了很短暂的时间。穆罕默德去世后不久，乌玛内部便出现了分裂，产生了哈瓦利吉派、什叶派、逊尼派等教派。即便在鼎盛一时的阿拉伯帝国时期，内部也存在着激烈的派系斗争、民族矛盾和地方割据势力。在阿拉伯帝国之后，伊斯兰世界内部更是诸雄并立，战乱频仍。所以，自 7 世纪末以来的 1300 多年里，不曾再有过统一的乌玛实体。然而，乌玛作为一种理想和目标，却始终存在于伊斯兰教义和穆斯林的观念之中，并对伊斯兰世界历史的发展产生着影响。

## 二、伊斯兰的回归

19世纪后期,当哲马路丁·阿富汗尼发起以"全世界穆斯林,联合起来!"为口号的泛伊斯兰主义运动时,其最基本的根据来自乌玛概念。他所希望的是建立一个由各个伊斯兰国家联合组成的政治联邦,由哈里发统一领导,以便能与西方对抗,以求伊斯兰世界的生存和振兴。但是,由于各地在经济文化上差别极大,加上许多世纪来的分裂局面,当时要组成这样一个政治共同体显然是不可能的。另外,阿富汗尼当时依靠反动、腐朽的奥斯曼帝国苏丹来领导穆斯林各国的统一,把宗教复兴和社会改革的希望寄托在封建统治势力身上,因此,就使得他的泛伊斯兰运动注定要失败。

然而,到20世纪60年代后期,泛伊斯兰主义的势头又重新出现在伊斯兰世界。但这时出现的泛伊斯兰主义与19世纪末阿富汗尼倡导的泛伊斯兰运动在内容和形式上都不同了。它不再要求恢复哈里发制度,也不谋求建立统一的伊斯兰国家或联邦,而是强调全世界穆斯林共同的宗教信仰、共同的文化遗产和各个穆斯林民族之间的传统联系,倡导在当代情况下加强伊斯兰国家之间的团结,开展在政治、经济、文化、科学和教育等领域的合作,促进各国的繁荣和发展;在国际事务中采取一致立场,维护伊斯兰世界的共同利益，反对外来势力对伊斯兰世界的干涉和控制。为了区别于原来的那种泛伊斯兰运动，这一新趋势被称为"新泛伊斯兰主义"。

新泛伊斯兰主义的影响和推动力主要来自三个世界性泛伊斯兰组织：世界穆斯林大会，伊斯兰世界联盟，伊斯兰会议组织。

世界穆斯林大会于1926年在麦加成立，是一个非政府性组织机构。当时由于土耳其废除了持续1000多年的哈里发制度，整个伊斯兰世界处于一种无中心的状态。刚刚完成了统一阿拉伯半岛和伊本·沙特国王便出面发起召开大会，希望重新建立一个伊斯兰世界的领导中心。但由于各地代表意见分歧，大会只是泛泛地号召穆斯林加强团结。1931年在耶路撒冷召开了第二次大会。后来因受第二次世界大战的影响，这个组织长期处于瘫痪状态，直到1949年在卡拉奇召开第三次大会时才恢复活动。这次大会决定把总部迁到卡拉奇，并正式定名为世界穆斯林大会。这个组织的宗旨是在世界各地传播伊斯兰教，宣传超民族、超国家和超地域的伊斯兰思想，在伊斯兰世界抑制马克思主义的无神论和西方化、世俗化的影响。

伊斯兰世界联盟于1962年建立，总部在麦加，与世界穆斯林大会一样，它也是一个非政府性组织。

## 二、伊斯兰的回归

这个组织就是针对民族主义思想流行，各地穆斯林之间的联系日趋减少的现象而成立的。沙特阿拉伯的费萨尔国王在瑞士日内瓦宣布成立这个组织时称，它是一个非政府、非党派、非宗派的国际组织，代表全世界所有的穆斯林。它的宗旨是："在全世界传播伊斯兰教的信息和教义；消除反伊斯兰教的虚假宣传和在穆斯林中造成的不良影响；维护穆斯林少数民族在宗教、教育、文化方面的权利；协助世界各地穆斯林团体的宣教活动，促进它们的内部团结；支持建立在平等、正义基础上的国际和平、和谐与合作。"伊斯兰世界联盟的主要活动是利用一年一度的朝觐机会，举办各种会议，讨论伊斯兰世界所面临的问题，散发宗教宣传品，组织专题讲座，并对伊斯兰传教活动和文化活动提供帮助。

新泛伊斯兰主义运动中最有权威也最有影响的是1970年成立的伊斯兰会议组织。这是一个伊斯兰国家政府间的组织，成立时有36个成员国，到1991年已有47个成员国。该组织的总部设在沙特阿拉伯的吉达，到1987年共召开过5次伊斯兰国家首脑会议，每年召开外长会议。伊斯兰会议组织在其宪章中称："各个会员国确信他们共同的信仰构成了伊斯兰人民互相接触和团结的强有力的因素。"它活动的目的在于："促进伊斯兰各国之间的团结。加强各国在经济、社会、文化、科学和其它重要领域的合作。努力消除种族隔离和种族歧视，根除一切形式的殖民主义。共同努力保卫圣地，支持巴勒斯坦人民恢复其权利和解放家园的斗争。加强穆斯林全体人民为维护他们的尊严、独立和民族权利的斗争。创造一种适当的气氛以促进各会员国与其它国家之间的合作和谅解。"伊斯兰会议组织还有一些专门委员会和下属机构，如伊斯兰发展银行、伊斯兰团结基金会、伊斯兰国际通讯社、伊斯兰文化艺术研究中心，等等。

在这三大泛伊斯兰组织的领导和影响下，60年代以后国际性伊斯兰活动日益增多，包括各种伊斯兰文化、教育和宗教活动，以及在非伊斯兰地区的宣教活动。这些都极大地促进了穆斯林自我意识的觉醒，以及伊斯兰国家间认同感的增强，也标志着战后伊斯兰世界的发展进入了一个新阶段。

1981年1月第三次伊斯兰国家首脑会议通过的《麦加宣言》，被看作是新泛伊斯兰主义最重要的宣言：

"穆斯林，不论其肤色、语言与国籍，他们是个统一的民族，都从共同的文明遗产中获得思想的源泉。"

二、伊斯兰的回归

"我们伊斯兰民族会前进，会复兴。我们伊斯兰民族为有《古兰经》、圣训而自豪，为有《古兰经》、圣训制定的完善生活准则而自豪，因为这一生活准则指导我们伊斯兰民族追求真理、向善、自救，使我们不忘文明遗产，使我们摆脱盲从和误入歧途；因为这一生活准则给我们提供精神动力，唤醒我们利用我们的所有能量，为我们提供通向正道的精神食粮。"

"我们赞赏我们这个具有精神力量的强大民族拥有丰富的人力和物力，因为我们民族约有10亿人口，他们散居在世界各地，拥有各种巨大的能量，足以保证我们民族享有举世瞩目的地位，足以保证我们民族自身的繁荣，足以保证我们民族成为向善、均衡并造福全人类的因素。"

## 2. 沙特阿拉伯的崛起

60年代后期新泛伊斯兰主义的兴起，一方面反映了穆斯林群众对战后以来流行于伊斯兰世界的世俗意识形态的不满和怀疑，以及他们自我意识的增强；另一方面，也是因为沙特阿拉伯在伊斯兰世界的崛起。

## 传统的回归：当代伊斯兰复兴运动

沙特家族借助瓦哈比教派于1926年统一了阿拉伯半岛大部分地区，1932年定国名为"沙特阿拉伯王国"。阿拉伯半岛腹地是伊斯兰世界中没有沦为西方殖民地的为数极少的几个地区之一。因此从建国开始，沙特王国就表现出极其强烈的伊斯兰色彩。它实行的是政教合一的君主政体，国王既是世俗的国家元首，同时又是国家的伊斯兰大教长。它没有宪法，而称《古兰经》就是其宪法。国内严格实行伊斯兰教法，伊斯兰教支配着社会生活的各个方面。

战后初期，伊斯兰世界明显地存在着两个相互对立的阵营，一个是以埃及、叙利亚等国为代表的激进的民族主义阵营，另一个就是以沙特阿拉伯、伊拉克、约旦等国为代表的保守派君主制国家阵营。双方一直在互相斗争和互相攻击。埃及的纳赛尔提出的口号是"阿拉伯统一和社会主义"，沙特阿拉伯则针锋相对地提出"伊斯兰团结"与之抗衡。1962年战争时，埃及和沙特阿拉伯各支持一方，并派出军队直接参战。但从当时的趋势来看，随着以民族主义为旗帜的民族解放运动的发展，伊拉克、也门、利比亚等国家的君主制政权一个个被推翻，似乎保守派处于被动防守、节节败退的状态。

然而，到了60年代后期，斗争的形势以及力量

## 二、伊斯兰的回归

对比都发生了变化。埃及等国的影响下降了，而沙特阿拉伯在伊斯兰世界的地位却显著提高，成了一颗冉冉升起的政治明星。导致这一结果主要有两个因素：一是沙特阿拉伯成功的"伊斯兰外交政策"，二是其惊人的石油财富。

针对纳赛尔的"阿拉伯社会主义"，沙特的费萨尔亲王（1966年成为国王）1963年说："我们不相信社会主义和共产主义，也不相信除伊斯兰之外的任何主义，我们只相信伊斯兰。"并称："反对伊斯兰的人就是我们的敌人。"沙特阿拉伯说它并不反对阿拉伯统一，但强调它首要的外交原则是伊斯兰团结，其次才是阿拉伯统一。这使它获得了许多非阿拉伯伊斯兰国家的好感。阿拉伯半岛是伊斯兰教诞生地，它的两大圣地——麦加和麦地那都在沙特境内。这就给沙特阿拉伯开展"伊斯兰外交"提供了最有利的条件。沙特国王自称是"两圣地的保护者"，并利用朝觐机会扩大自己的影响。作为推行伊斯兰外交的一个措施，费萨尔国王1962年建立了伊斯兰世界联盟，作为宣传新泛伊斯兰主义和沙特与其他伊斯兰国家联系的一个工具。

从60年代开始，特别是到了1973—1974年提高油价后，沙特阿拉伯石油产量和收入激增，天文数字

29

般的石油财富使它的影响进一步扩大。1978年沙特阿拉伯的国内生产总值达1580亿美元,人均为21000美元,是当时美国人均国内生产总值的两倍,苏联的7倍,埃及的50倍。沙特把大量的资金投入伊斯兰活动中,对许多国家给予了慷慨的援助。但它的援助是有条件的,首先受援国必须是伊斯兰国家;其次受援国必须反对无神论的共产主义和反对犹太复国主义;再次就是受援国必须逐步实行伊斯兰教法。沙特的援助对象除伊斯兰国家外,还有国际性伊斯兰组织及一些国家的伊斯兰团体和组织。为了方便朝觐活动,沙特政府新建了大批公寓,购置了大量的交通工具,在吉达修建了世界上最大的国际机场。它还出资在西欧、北美、东非、西非、东南亚等地建立了许多清真寺和"伊斯兰文化中心",并为培养伊斯兰教人才提供大量奖学金。

另外,60年代后期发生的两件事对民族主义势力下降和伊斯兰势力上升产生了直接的影响:

第一件是埃及和叙利亚在1967年6月的第三次中东战争中遭到惨败。埃叙一直是以民族主义口号与以色列对抗,声称要解放属于阿拉伯祖国一部分的巴勒斯坦,并把以色列赶到大海中去。在"6·5"战争中,人数众多的阿拉伯国家却被只有300万人口的

## 二、伊斯兰的回归

以色列击败,丧失了约旦河西岸、加沙地带、西奈半岛和戈兰高地等大片地区,以及伊斯兰教的第三大圣地——耶路撒冷。这一失败给阿拉伯民族主义带来了致命的打击,使它在穆斯林群众中的影响一落千丈,许多人认为阿拉伯人的失败就是因为他们背离了自己的宗教信仰。另外,埃及、叙利亚等国失败后,为了尽快恢复元气,也开始大量接受沙特阿拉伯等"保守国家"的财政援助。

第二件事是1969年7月,一名叫麦考尔·洛汉的澳大利亚人企图纵火焚毁圣地耶路撒冷著名的阿克萨清真寺。尽管火势被及时控制住了,但这座伊斯兰世界最古老和最神圣的清真寺还是遭到了严重的损坏。以色列当局后来说纵火者是一名疯子,并对他进行了处罚。但这一事件震惊了整个伊斯兰世界,并激起了穆斯林广泛而强烈的愤怒。沙特国王费萨尔抓住这一机会,于当年9月在摩洛哥的拉巴特召开了有25个国家参加的第一次伊斯兰国家首脑会议。费萨尔国王代表与会国发出了对以色列进行"圣战"和解放耶路撒冷的号召。也就是在这次会议上,各国一致同意建立常设的伊斯兰会议组织。

到此时,沙特阿拉伯已被公认为伊斯兰世界的盟主。

## 3. 伊斯兰宗教思想的勃兴

穆罕默德去世后不久伊斯兰教就分裂为逊尼和什叶两大教派，许多世纪以来它们之间的对立和斗争非常激烈。新泛伊斯兰主义在提出"伊斯兰团结"的口号时，强调了消除教派分歧，促进双方互相了解，得到了逊尼派和什叶派两方面的积极响应。最大的什叶派国家伊朗参加了各种泛伊斯兰活动，巴列维国王出席了第一次伊斯兰国家首脑会议并积极参加建立伊斯兰会议组织的工作。伊朗国内宗教界在很多问题上反对国王，但在这个问题上却持赞成态度。

逊尼派最负盛名的埃及艾资哈尔大学校长夏尔图特大教长也提出，什叶派（十二伊玛目派）的教法原理应该作为伊斯兰教正统教法学派之一，在所有逊尼派的学院中教授和研究。还有的宗教学者提出，应该加强逊尼派和什叶派宗教学者之间在教法学、教义学、哲学方面的对话，以增进双方的相互理解。尽管这类活动开展得并不多，成效也不大，但却反映出两个教派对"伊斯兰团结"所持的积极态度。

新泛伊斯兰主义思潮传播最迅速、最有效的途径，就是一年一度的麦加朝觐。而朝觐活动本身也是伊斯兰教兴衰的晴雨表。

朝觐是伊斯兰教规定的"五功"之一，每个穆斯林只要有能力，一生中都必须至少到麦加朝觐一次。据不完全统计，第二次世界大战前每年到麦加朝觐的穆斯林不足7万，1965年为23万。而在此之后便出现了迅猛上升的势头，到70年代中期朝觐人数达到150万，1980年竟突破了200万！现代化的交通工具的使用是朝觐人数增多的原因之一。过去各地的穆斯林靠乘船、骑马、坐车甚至步行，长途跋涉，历尽千辛万苦才到达圣地，许多人往往为朝觐一次而消耗毕生的精力。而今天的朝觐者们可以乘飞机一天之内从最遥远的国度来到麦加。据1980年统计，到麦加的外国朝觐者近90%都是乘坐飞机来的。然而，朝觐规模的扩大更重要的原因还在于，它是穆斯林自我意识回归的一种表现，也是伊斯兰世界团结合作愿望的一种反映。

伊斯兰教的朝觐现已成为地球上人类最大的聚会活动。一周之内，来自世界五大洲的200万穆斯林聚集到麦加这几平方公里的地方，他们中有黄色、黑色、白色、棕色以及其他各种肤色的人。他们围着克尔白（天房）旋转，到阿拉法特山祈祷、诵经，听

## 传统的回归：当代伊斯兰复兴运动

取讲道，交流各自国家的宗教情况。对于许多穆斯林来说，朝觐气氛本身就是一种终身难忘的宗教洗礼。千千万万具有共同信仰的人，来自印度尼西亚海滨，来自阿富汗的山区，来自阿拉伯沙漠，来自遥远的欧洲、美洲，他们不分民族、肤色、语言，也不分彼此间的社会地位、身份，无论是总统、国王，还是普通的平民百姓，大家都在平等地、兄弟般地履行着自己的宗教义务。在这里，人们可以最深刻地感受到伊斯兰教的生命和力量，体会到作为伊斯兰大家庭中一员的骄傲和自豪；与此同时，人们也可以互相传递伊斯兰复兴的信息。

在一些伊斯兰国家里，世俗化和西方化的倾向，曾使许多人对宗教生活十分淡漠。一位西方学者在60年代中观察到："受过教育的人们对斋月封斋不当回事，他们喝酒，不遵守饮食的禁忌，极少祈祷，也极少去清真寺。尽管他们仍自称为穆斯林，在很大程度上他们已放弃了伊斯兰教，不再让其作为支配自己生活的准则。他们仅仅在文化上是穆斯林，而不是虔诚的信仰者。"但到了60年代末，这种情况也开始转变了。在那些"世俗化"的国家中，越来越多的人又"返回"伊斯兰。按时到清真寺祈祷、进行斋戒和缴纳天课（扎卡特）的人多了起来，要求到宗

## 二、伊斯兰的回归

教学校学习的人也多了起来。穆斯林不仅对宗教生活表现出越来越高的热情，而且在他们的日常生活中也越来越多地恢复了以往的传统，如禁止饮酒，反对出售酒类饮料，要求取消不符合教规的娱乐活动，如赌博、球赛、播放西方的音乐和影视节目等。

伊斯兰教的发展和传播在60—70年代也达到了一个高潮。1965年，全世界的穆斯林人口不足5亿，但到70年代末却猛增到了8亿多。这其中除了人口增长和统计差异的因素外，伊斯兰教的传教活动使大批非穆斯林转变为穆斯林是一个重要的原因。传教活动在非洲、东南亚和欧美等地都十分活跃，在撒哈拉大沙漠以南的黑非洲尤其成功。

60—70年代，在喀麦隆、几内亚、马里、乍得、尼日利亚等国，穆斯林所占的人口比例从少于半数变成超过半数。加蓬、埃塞俄比亚、贝宁、多哥等国的穆斯林人口都接近全国人口的半数。尽管这些国家穆斯林不占人口多数，它们都要求成为伊斯兰会议组织成员国。据统计，到70年代后期，非洲大陆已有四分之一以上居民为穆斯林人口。有人认为，按这样的速度发展，用不了几个世纪，整个非洲大陆都将变成伊斯兰世界的一部分。还有的学者对伊斯兰教在非洲大陆迅速发展作了分析，认为主要是因为伊斯兰世界

## 传统的回归：当代伊斯兰复兴运动

与非洲内陆有着历史和地理上的传统联系，在反帝反殖的民族解放斗争胜利之后，伊斯兰教填补了非洲国家的文化真空；此外，伊斯兰教中没有对肤色和种族的任何歧视，极易为饱受欺凌的非洲人民所接受，也是原因之一。

令人惊异的是，伊斯兰教在欧美也有相当快的发展。欧洲的穆斯林第二次世界大战后不到1000万，而到70年代末迅速上升到2800万，成为仅次于基督徒人数的第二大宗教社团。这其中虽然有很大一部分是移民，但改信伊斯兰教的人数也不少。伦敦、巴黎、波恩、汉堡、罗马、布鲁塞尔等欧洲大城市都有国际伊斯兰组织和当地穆斯林共同创建的"伊斯兰文化中心"。在美国，伊斯兰教的发展与民权运动相结合，因此在黑人等少数民族中传播很快。改奉伊斯兰教的黑人自称"黑穆斯林"，他们一度主张与白人分离，以表示对受歧视和压迫的抗议。著名的黑人穆斯林领袖马尔科姆·埃克斯到麦加朝觐后，看到全世界穆斯林不分种族和肤色，平等友好地相处，大受感动和鼓舞。他回国后放弃了"黑穆斯林"的分离趋向，积极在白人中发展伊斯兰教。到80年代初，美国穆斯林人数已达到500万，而在20年前，只有大约50万。

二、伊斯兰的回归

人们注意到,伊斯兰教自诞生后,其传播和发展出现过两个高潮时期,一个是创教初期,另一个时期就是20世纪。

## 4. 回归伊斯兰

新时期、新形势下伊斯兰思潮的再度勃兴,不仅反映在穆斯林的宗教生活中,而且更明显、更直接地表现在穆斯林国家的社会和政治生活中。

在国际性泛伊斯兰思潮的影响下,到70年代,许多国家中的伊斯兰教力量上升,宗教气氛日益变得浓厚起来。科威特等海湾国家的清真寺数量在10年中翻了两番,伊拉克、埃及、伊朗、土耳其等"世俗化"发展较快的国家也出现了大量新建的清真寺。在许多国家里,每到礼拜的时候,从清真寺的尖塔上就传出高亢、嘹亮的宣礼声,一些商店、工厂、银行、学校的活动都要停下来,让人们参加礼拜。

在文化领域,人们越来越多地主动去追求"传统的"东西,抑制外来的、特别是西方的文化产品,如音乐和电影、电视节目。各种关于伊斯兰教的出版物受到青睐,广播、电视中的伊斯兰节目也多了起

传统的回归：当代伊斯兰复兴运动

来。各类宗教团体和组织不断涌现，既有官方的，也有民间的，广泛开展宣教活动，举行伊斯兰艺术、建筑、科技展览，背诵和书写《古兰经》的比赛等。一些国家除了鼓励传统的清真寺教育外，在一般的各类学校中也增设了伊斯兰教课程。就连世俗化开始得最早的土耳其在1982年颁布的新宪法中也规定："中小学有义务进行伊斯兰宗教教育。"

明显的变化之一是人们服装的改变。战后一段时期内，西方的服装曾很流行，人们把穿西服作为现代文明的标志。土耳其、伊朗政府还明令要求人们把传统服装改为西式服装，并规定妇女不得戴面纱。然而，到70年代，在许多穆斯林国家中，恢复传统服装成为一股时尚和风潮。男人们戴头巾，蓄胡须，穿长袍，女人也穿上了不暴露身体任何部分的长袍，并蒙上面纱。而且，人们感到惊奇的是，往往是城市里受过现代教育的年轻人和大学青年学生对恢复传统服装最积极最热心。一位西方学者对此感到困惑不解，他说，这些穿长袍戴面纱的女青年的母亲或祖母曾经为摆脱这样的装束而斗争过。

在经济领域中突出的现象是伊斯兰银行的兴起。按《古兰经》规定，穆斯林不得取利，因为利息被视为一种不劳而获的收入。这就与现代起源于西方的

## 二、伊斯兰的回归

银行制度发生了冲突。为了解决这一矛盾，一些国家便出现了"伊斯兰银行"。这类银行在借贷和投资时没有利息往来，而是采取了一些其他的变通办法，如盈亏分摊制、加价借贷制、手续费等。这种银行出现后，受到信教群众的欢迎。在西方式银行与伊斯兰银行并存的情况下，许多穆斯林宁愿选择后者。伊斯兰银行在70年代后期发展很快，在海湾国家、巴基斯坦、埃及、苏丹等地出现了一批有雄厚资金的伊斯兰银行，并发展到一些欧洲城市和东南亚地区。除伊斯兰银行外，有的伊斯兰经济学家甚至提出应该按伊斯兰经济原则对现行经济制度进行改革，建立真正的"伊斯兰经济制度"，如征收天课税（扎卡特），建立符合教法的财产继承制度和社会福利制度等。

在殖民时期和独立以后，伊斯兰国家大多采用了西方式的世俗法律，有些国家只在很小的范围里仍保留着传统的伊斯兰教法，而有的国家则完全取消了伊斯兰教法。70年代随着伊斯兰教力量的上升，很多国家中要求恢复实施伊斯兰教法的呼声日渐高涨。在这种社会压力下，一些国家又重新全面或部分实行伊斯兰教法，如巴基斯坦、苏丹、埃及、伊朗等。传统的伊斯兰刑法，如对偷窃者断手，饮酒者处以鞭刑，通奸者用乱石砸死等，被重新引入这些国家的法律体系中。科威特、阿联酋等国在70年代后宣布成立伊斯兰立法委员会,为实施伊斯兰教法作准备。

有的国家在推行某项政策时,也往往更多地依靠伊斯兰教法权威的支持。例如,突尼斯政府在把一些海滨地区辟为吸引西方人的旅游度假区时,曾受到国内很多人的反对,后来政府通过宗教机构颁布了一条"法特瓦",宣布这样做并不违反伊斯兰教法,才平息了反对派的攻击。同样,埃及在推行计划生育措施时,也是经过艾资哈尔清真寺的教法权威论证批准的。

所有这一切,都在伊斯兰各国中创造了一种前所未有的宗教气氛,使人们自觉或不自觉地接受伊斯兰教的影响,卷入宗教活动中,成为波澜壮阔的伊斯兰复兴运动的一部分。

## 5. 宗教政治化——伊斯兰复兴的归宿

伊斯兰教与其他世界性宗教相比,其最大的特点就在于它是一种政治性非常强的宗教,甚至可以认为,它就是一种政治性宗教。自伊斯兰教创立之始,宗教与政治之间就没有什么明显的界限,宗教社团就

## 二、伊斯兰的回归

是国家,宗教领袖就是国家的统治者,宗教的传播发展就是国家疆域的扩大延伸,宗教的经典也就是治理国家的法律。后来,政治与宗教出现了分离,也就意味着宗教开始衰落。

所以,对许多穆斯林来说,"伊斯兰复兴"也就意味着政治与宗教的重新结合,意味着让宗教回到政治中去,或者也可以反过来说,让政治回到宗教中去。事实上,70年代全面兴起的伊斯兰复兴运动最直接同时也是最深远的影响,就是许多伊斯兰国家的政治伊斯兰化,或者说伊斯兰政治化。

这种影响可以从两个方面来看:

一方面是各国官方越来越多地利用伊斯兰教来巩固自己的地位,使自己的统治更加合法化,以争取穆斯林人民的支持。这种利用宗教来加强自身统治地位的做法,既可能是被动的——迫于社会伊斯兰复兴思潮和反对派力量的压力;也可能是主动的——统治者或统治集团本身就是虔诚的信仰者。无论是被动的还是主动的,其结果就是整个国家出现自上而下的"伊斯兰化"运动。

这种结果在中东地区十分明显,许多国家的统治集团都宣称自己信奉的是真正的和正统的伊斯兰教,攻击敌对势力是"异端"、"异教徒"或"无神论者"。例如，沙特阿拉伯王室强调自己是伊斯兰正统教派和圣地的保护者，约旦国王则称他属于古来什部落的哈希姆家族，是先知穆罕默德的直系后裔。埃及总统萨达特自称他是虔诚的信教者，是"安拉的仆人"。利比亚的卡扎菲则把他领导的推翻君主制的革命称为"伊斯兰革命"，他实行的是"伊斯兰社会主义"，进行的社会改革是"伊斯兰文化革命"。一时间，"伊斯兰"成了最时髦、最有魅力的政治名词，大家竞相向伊斯兰靠拢，有的国家在国名中冠以"伊斯兰"，称"××伊斯兰共和国"；有的国家重申伊斯兰教是"国教"、"官方宗教"，规定国家元首或政府领导人必须是"虔诚的穆斯林"，还有的国家宣布伊斯兰教是国家的"法律渊源"或"立法基础"，等等。各国政府制定内外政策时，大量使用伊斯兰语言，以伊斯兰教为价值标准，并寻求宗教界的支持与合作。就连那些世俗程度较深的国家，如土耳其、叙利亚、突尼斯、伊拉克等，也在70年代中纷纷在政治上"转向"伊斯兰，力图改变它们"世俗"的形象。

另一个方面，政府的反对势力也更多地以伊斯兰教来作为他们的旗帜和口号。70年代以来，各国的反政府力量，无论是合法的还是非法的，也无论是公

## 二、伊斯兰的回归

开的还是秘密的,也都在向伊斯兰"靠拢"。他们攻击政府背离了伊斯兰教,在国内推行的世俗化、西方化和现代化破坏了伊斯兰传统,造成了社会的腐败堕落和贫富悬殊;还指责政府对外与无神论的东方(苏联)集团或资本(物质)主义的西方集团相互勾结,同流合污。因此,他们称这样的政府是"非伊斯兰"的,其统治不是合法的,人民应该起来将其推翻,重新建立真正的伊斯兰政府。世俗化越严重的国家,宗教反对活动也就越激烈,对政府造成的威胁也越大。

70年代后期,许多伊斯兰国家都面临着宗教反对派活动的压力。老牌的"穆斯林兄弟会"已发展为一个国际性的伊斯兰反政府组织,在埃及、叙利亚、苏丹、约旦等国势力很大。一些新的组织又不断出现,如伊拉克的"号召党"、土耳其的"救国党"、黎巴嫩的"阿迈勒运动"和"真主党"、阿拉伯半岛的"伊斯兰革命阵线"等。宗教反对派活动还以教派的形式出现,例如伊拉克、沙特阿拉伯、科威特的什叶派反对本国逊尼派掌权的政府,叙利亚的逊尼派反对什叶派(阿拉维派)政府,黎巴嫩、塞浦路斯穆斯林反对以基督徒为主的政府,等等。宗教反对派或是通过示威游行、竞选参政等合法方式,或是采用

43

袭击、暗杀、绑架、爆炸等暴力手段与政府对抗。可以说，各国的反政府活动是伊斯兰复兴运动中最有声色、最引人注目的部分。

政府可以坚决果断地镇压各种旗号的反政府活动，但对以伊斯兰为旗帜的反对活动却感到非常棘手。因为它很容易会被指责为"镇压伊斯兰运动"、"非伊斯兰化"，从而失去其统治的合法性，并受到穆斯林人民的反对。因此，对付伊斯兰反对势力有效的手段只能表现得更"伊斯兰化"，并指责对方是"异端"、"异教徒"，或是"对伊斯兰的歪曲"。

大家都打"伊斯兰牌"，进行"伊斯兰竞争"，结果使"伊斯兰复兴"的烈火越烧越旺，复兴运动愈演愈烈，并蔓延开来。

# 三、伊斯兰原教旨主义

伊斯兰复兴运动是一个意义广泛的概念,泛指70年代以来世界各地出现的以伊斯兰教为旗帜的社会政治运动,其内容涉及政治、经济、思想、文化、教育等许多领域。当然它并不是一个统一的运动,而是呈现出多中心、多形式、多层次的特点,运动中派别众多、做法各异。但反对世俗化和西方化,要求改变现存的政治和社会秩序,主张严格遵循《古兰经》和"圣训",返回伊斯兰教的初始教义是伊斯兰复兴运动中最强大的潮流,是这场运动的主旋律。这种思想现在被广泛地称为伊斯兰原教旨主义。

"原教旨主义"(Fundamentalism)一词最初来自基督教,称"基要主义",原指基督教中"严格遵循基督教信仰中原初的、根本的、正统的信条"的派别。现在这个词已被用来指称各种宗教中要求返回初始原典教义的派别和主张。

## 1. 伊斯兰原教旨主义的历史渊源

什么是伊斯兰原教旨主义？要回答这个问题，还必须从伊斯兰教的历史说起。

穆罕默德在创教时，也创建了政教合一的伊斯兰国家（乌玛）。他本人既是宗教领袖，也是政治领袖。他以领受真主启示的方式，颁布了大量的宗教命令，成为当时乌玛的政治、经济、军事和社会生活的指导原则。后来，随着伊斯兰教的传播和发展，很多穆斯林逐渐把这个时期理想化了，认为这个时期的伊斯兰教是真正的、纯洁的伊斯兰教，没有受到任何污染和掺杂，是伊斯兰的"黄金时期"。

以后每当伊斯兰世界出现危机或无力与外敌对抗时，一些穆斯林往往就会把问题归结为信仰的淡漠或扭曲，认为人们的信仰偏离了伊斯兰的原旨教义。于是，就会发起要求严格遵守圣训，摒除杂芜，返回原旨教义的运动。这种主张就是原教旨主义，也有人称为复古主义。实际上，尽管原教旨主义者强调要净化

## 三、伊斯兰原教旨主义

宗教，返回原典，但他们并不是要把社会拉回到7世纪穆罕默德所生活的时代中去，而是用当时的范例与现实进行比较，以宗教理想作为判断是非、衡量得失的标准，以达到加强信仰、革除弊端，使宗教重新获得活力的目的。所以，原教旨主义仍是伊斯兰教在发展过程中，进行自我调节、自我更新，以适应不断变化的现实情况的一种手段。

伊斯兰教历史上，曾多次出现过原教旨主义性质的宗教运动。如早在7世纪出现的哈瓦利吉派就认为，当时的哈里发已背离真正的伊斯兰教，穆斯林应该起来同他战斗；14世纪当阿巴斯王朝崩溃、伊斯兰世界被蒙古大军征服时，出现了由著名学者伊本·太米叶倡导的"回到《古兰经》里去"的宗教复兴运动；18世纪当奥斯曼帝国衰落出现宗教危机时，阿拉伯半岛兴起了旨在净化伊斯兰教的瓦哈比运动；19世纪西方殖民主义侵略扩张，伊斯兰世界开始全面衰落时，也曾出现过北非的赛努西运动，苏丹的马赫迪运动，以及后来的"沙拉菲亚"运动（即伊斯兰现代主义改革与复兴运动），等等。这些都是某种形式的原教旨主义运动。

第二次世界大战后，伊斯兰世界不仅从外部受到东西方大国的控制和渗透，内部世俗化、西方化的趋势也在迅速发展，各国都面临失去自身伊斯兰特征的危险。在这种情况下，斗争性更强的、更富于政治色彩的伊斯兰原教旨主义便在各国传播开来。由于原教旨主义更能表达中下层穆斯林群众的愿望，更能满足他们希望改变现实的要求，因而吸引了大批的支持者和追随者，并成为当代伊斯兰复兴运动的主流。

当代伊斯兰复兴运动中有影响的原教旨主义思想家和理论家，除了前面已经介绍过的穆斯林兄弟会创始人哈桑·班纳外，还有巴基斯坦的阿布·阿拉·毛杜迪，埃及的赛义德·库特卜，以及伊朗的阿亚图拉鲁霍拉·霍梅尼等。

## 2. 传统伊斯兰政治思想集大成者
### ——毛杜迪

阿布·阿拉·毛杜迪（1903—1979）是当代最有影响的伊斯兰原教旨主义思想家之一。他出生于印度北部贾巴尔普尔的一个伊斯兰宗教家庭，从小就在家里接受传统的宗教教育，后又进入清真寺学校学习。但由于家境变故和他自己的健康原因，他未完成正规的宗教课程，而是通过自学成为一代宗教学者。

## 三、伊斯兰原教旨主义

或许正因为毛杜迪不是完全按传统的正规伊斯兰教育方法培养出来的，他的思想才没有受传统思想的约束，得以创造性地发展了伊斯兰政治思想。毛杜迪自己也说过，他最看不起的就是那些传统的乌莱玛（职业宗教学者），他们把精力耗费在一些虚玄神秘的问题和琐碎无用的考证上。

他的伊斯兰政治思想形成于本世纪30年代末和40年代初，当时他担任一家宗教刊物的编辑。这时，印度正处于英国殖民统治之下，但从当时印度民族独立运动的发展情况来看，印度的穆斯林既有可能组成一个单独的国家，也有可能成为一个由印度教徒占统治地位的国家中的少数民族。在这种情况下，毛杜迪提出了他自己的一套政治理论，既涉及国家形式、政治制度，也涉及诸如妇女地位、穆斯林与非穆斯林的关系等社会问题。

在政治上，毛杜迪一方面反对"异教徒"英国人的统治，反对穆斯林作为少数民族生活在印度教徒统治下的印度；另一方面，他也极力反对当时由真纳、伊克巴尔等"穆斯林民族主义者"领导的"穆斯林联盟"，认为"穆斯林联盟"的目的不过是要建立一个世俗的民族国家。毛杜迪强调，他所追求的不是一个"穆斯林国家"，而是一个"伊斯兰国家"；

国家应由精通经训的伊斯兰政治思想家来领导，必须严格按伊斯兰教法来治理。他提出，穆斯林应该成为"真正优秀的穆斯林"，应该摒弃一切印度教的、西方的以及非伊斯兰的影响，以自己的模范行为来恢复和维护伊斯兰价值，通过具体的实际行动来逐步建立伊斯兰社会。1947年印巴分治后，毛杜迪从印度迁到巴基斯坦定居。

毛杜迪认为，一个伊斯兰社会必须自上而下来建立，也就是说，必须依靠具有伊斯兰思想的领袖人物的领导。为了培养一批具有领导才干的人才，他于1941年创建了"伊斯兰促进会"，并终身担任该会主席。最初，他的追随者人数很少。直到1947年巴基斯坦独立后，毛杜迪的学说才开始为更多的人所接受。因为印巴分治后，大批从印度迁到巴基斯坦的穆斯林难民生活贫苦，安全得不到保障，对民族主义者领导的政府不满。另外，一些富裕的商人、地主也支持"伊斯兰促进会"，认为它是与激进的左翼势力对抗的力量。"伊斯兰促进会"一直以合法的政治组织存在，并在60—70年代多次参加竞选。

毛杜迪后来进一步发展了他的政治学说。其中影响至深的是他根据古老的哈瓦利吉派思想提出来的"净化伊斯兰教"的观点。他强调，世间一切主权皆

## 三、伊斯兰原教旨主义

属真主,只有真主才能统治人类,而任何人为的统治都是违反伊斯兰教的。他认为,没有实施真主统治,没有按神圣教法来治理的社会,都是处于"贾希利耶"(伊斯兰教之前的蒙昧状态)之下。毛杜迪认为,现代穆斯林社会的"贾希利耶"源自两个方面,一是先知穆罕默德及四大哈里发之后的历代领导人对伊斯兰教的添加和歪曲;一是受西方殖民主义和帝国主义的影响。他认为,一个真正的穆斯林不应消极地接受伊斯兰教信条,而应积极投身于"扬善除恶"的集体行动之中,也就是在现实的政治、经济、法律、文化等社会生活中强化伊斯兰价值,使之摆脱"贾希利耶"。他的这一观点,对当代各个伊斯兰原教旨主义派别和组织都产生了重要影响。

毛杜迪一生写了60多部著作和大量的文章,涉及政治、经济、文化、哲学等许多方面,这些原来用乌尔都语写成的论著被译成了阿拉伯语、波斯语和英语广为流传。他被认为是当代最重要的非阿拉伯的伊斯兰思想家之一。他的许多主张虽然未能实现,但对后来一些政府推行伊斯兰化运动,以及对下层的群众性伊斯兰反对派运动都有重要影响。毛杜迪的影响在巴基斯坦、印度、阿富汗、伊朗等地尤其突出。

## 3. 阿拉伯伊斯兰原教旨主义的灵魂
　　——库特卜

　　赛义德·库特卜（1906—1966）生于埃及中部阿西尤特省一个叫穆夏的小镇。他年轻时来到首都开罗求学并寻找工作，后来当了一名教师。他早期是一名世俗的民族主义者，曾热情地支持过民族主义政党——华夫脱党。后来，他广泛阅读了近现代伊斯兰思想家如哲马鲁丁·阿富汗尼、穆罕默德·阿布杜、拉希德·里达等人的著作，并深入地了解了埃及当时的社会状况和下层穆斯林的思想状况。30年代后期，库特卜开始发表宗教和社会方面的著述。1948年至1950年，他到美国去学习了两年，主修教育管理学。这使他对西方社会和文化有了更进一步的认识和了解。他感到，西方世界物质生活发达，但精神空虚，社会腐败，"西方道路"不可能解决穆斯林国家的社会问题。50年代初，他的一部重要著作《伊斯兰与资本主义的冲突》问世，标志着他的思想已从世俗的民族主义转向了伊斯兰原教旨主义。

　　赛义德·库特卜从一开始就对穆斯林兄弟会持同

情和支持的态度,并参加了兄弟会的一些活动。同时,他与军队中民族主义者的"自由军官组织"也保持着密切的来往。1952年,"自由军官组织"在穆斯林兄弟会的支持下推翻了法鲁克王朝,建立了埃及共和国。但由于穆斯林兄弟会未能进入新政府,也没有获得任何权力,兄弟会与纳赛尔领导的民族主义政权的关系开始恶化并发生冲突。库特卜出于对新政府的不满,1953年正式加入了穆斯林兄弟会,走上了与纳赛尔政权对抗的道路。

1954年,穆斯林兄弟会的一些成员策划暗杀纳赛尔未遂,政府开始大规模镇压穆斯林兄弟会,数千人被逮捕,一些人被处死。库特卜也遭到逮捕,经"人民法庭"审判后,被判处15年徒刑。由于体弱有病,他的刑期有很大一部分是在医院中度过的,得以继续他的思考和写作。

由于对现政府从支持和希望转变为失望和仇恨,对现实社会强烈不满,斗争又一再受挫,加上长期的牢狱生活,使库特卜的思想变得十分激进。他汲取了毛杜迪、哈桑·班纳等人的思想,经过创造性的发展,提出了一套完整的、更富有战斗性和号召力的伊斯兰原教旨主义理论。他在狱中先后完成了《我们的宗教》、《我们这个宗教的前途》、《里程碑》(一译《路标》）等著作，并通过探望他的妹妹秘密地把手稿带出监狱，由外面的穆斯林兄弟会成员印刷、散发，在社会上产生了重大的影响。

1964年，纳赛尔政府释放了一批政治犯，库特卜因健康原因也被提前释放了。出狱后，由于他的名气和影响，他立即又被穆斯林兄弟会推选为领导机构的成员。不久又被卷入一些激进的兄弟会成员策划暗杀包括总统、内阁部长在内的一大批政府要员的密谋之中。密谋泄漏后，1965年8月库特卜和一批兄弟会成员再次被捕受审。在这次审判中，库特卜深知难以得到政府的宽恕，所以他没有为自己辩护，而是在法庭上全面阐述了他的伊斯兰政治思想。他的这些超国家、超民族、超阶级的理论震动了法庭，也在当时社会上引起了轰动。1966年8月，库特卜和一批穆斯林兄弟会领导人被政府处决，时年60岁。

库特卜一生著述颇丰，其中影响最大、也最能代表他激进思想的著作是其在狱中写成的《里程碑》。他在这本书里系统地阐述了他的伊斯兰原教旨主义理论，主要包括两个方面：

（1）对现实的彻底否定。库特卜认为，当代世界，包括所有的穆斯林国家现在都仍处于"贾希利耶"（蒙昧状态）之中。他说：

## 三、伊斯兰原教旨主义

"我们今天处于与伊斯兰之前同样的,甚至是更糟的蒙昧状态中,我们周围的一切都是蒙昧:人们的观念和信仰、习惯、风俗,人们文化、艺术和文学的来源,以及人们的法律和立法。即使那些被我们认为是伊斯兰文化、伊斯兰源泉或伊斯兰哲学和思想的东西,实际上也是这种蒙昧的组成部分。"

他认为,这种"蒙昧状态"在政治上表现为对真主在世间主权的侵犯,即一些人自称有权规定道德、观念,制定法律和制度,从而导致了一部分人对另一部分人的统治和压迫。他宣称,无论是共产主义、法西斯主义、资本主义,还是当时流行于阿拉伯世界的民族主义、社会主义意识形态,都是"蒙昧",因为它们都是出自人,而不是出自真主,都是让人服从人,而不是服从真主。他说,阿拉伯民族主义不是把主权归于真主,而是归于阿拉伯民族,因而是非伊斯兰的。

(2)重建真正的伊斯兰秩序。库特卜说,要摆脱"贾希利耶"的办法就是采取行动建立真主完全的主权和统治权:

"宣告真主独一无二的神性……就意味着起来反对任何形式、种类和方式的人的统治,意味着在地球上摧毁人的王国,建立真主的王国……将权力从人类篡权者手中夺回，交还给独一无二的真主，取消人定的法律，建立唯一的、至高无上的神圣法律。"

库特卜提出，为了实现真主的统治，穆斯林要进行"希吉拉"（迁徙），要彻底脱离当代的这种"贾希利耶"，重建一个不受污染的和完全按照伊斯兰方式和标准而存在的社会，要完全排除诸如民族主义、爱国主义这样一些非伊斯兰的影响。他提出的"希吉拉"并不是指地理上的迁徙，而是要求穆斯林用行动向"蒙昧状态"开战，为主道而奋斗（即圣战）。库特卜称：

"它仅靠说教和祈祷是不会实现的，因为那些把枷锁套在人民脖子上的人和篡夺了真主在地球上权威的人将不会因这样的解释和劝诫就让出他们的位置。"

库特卜强调说，现在的首要任务是清除现存的非伊斯兰秩序，建立伊斯兰社会。这种"清除"不仅仅是改造或变革，而是彻底的摧毁。至于未来真正的伊斯兰社会具体是什么样子，库特卜并没有详细论述过，因为他认为，只有当清除了现存的非伊斯兰秩序之后，才有必要来考虑未来伊斯兰社会的具体法律和制度。

赛义德·库特卜的原教旨主义思想在很大程度上

三、伊斯兰原教旨主义

表达了下层穆斯林群众不满现状，要求变革的心理。他在法庭上接受审判时，慷慨陈言，视死如归，被许多人视为是为了伊斯兰理想而献身的烈士。这也在一定程度上加速了他的思想的传播。这种伊斯兰原教旨主义理论为穆斯林兄弟会等伊斯兰组织提供了有力的思想武器，他的著作是许多原教旨主义者的必读教材。在他的影响下，一些穆斯林兄弟会成员也变得更加激进。兄弟会中后来又发展出一些更加极端的伊斯兰原教旨主义组织，如"圣战者组织"、"赎罪与迁徙"等。

## 4. 从教法学家到国家领袖的阿亚图拉霍梅尼

从某种意义上说，伊朗是迄今为止当代世界唯一成功地把伊斯兰政治理论付诸国家政治生活之中的范例，因而它的理论和实践也就具有特别重要的意义。虽然伊朗属于伊斯兰教什叶派国家，在教义上与逊尼派有一定的差别，但由于它成功地把宗教完全融入政治之中，所以它的理论和经验也就对整个伊斯兰世界具有了普遍的影响。当代伊朗的伊斯兰政治思想主要

传统的回归：当代伊斯兰复兴运动

出自于阿亚图拉鲁霍拉·霍梅尼（1902—1989）。

鲁霍拉·霍梅尼出生于伊朗小城霍梅因，在阿拉克和库姆接受过系统的宗教教育，后来成为一名学识渊博的伊斯兰宗教学者。他长期执教于库姆伊斯兰学院，并于40年代后期获得什叶派高级宗教学者"阿亚图拉"的称号。他一生中写下了30多部宗教和政治著作，最早的政治性著作是一本叫做《揭示秘密》（1941）的小册子。

霍梅尼与伊朗国王政权的公开冲突始于60年代初。当时他对巴列维国王推行的"白色革命"等世俗化和现代化改革措施进行了激烈的抨击，并发动人民起来推翻国王政府。为此他曾两次被捕，1964年被强迫解送到土耳其，一年后他迁到伊拉克的纳贾夫，在那里著书立说，教授学生，继续进行反国王的斗争。1978年伊朗爆发了反对国王政权的动乱，霍梅尼作为反对派领导人在国外遥控指挥了推翻巴列维国王的"伊斯兰革命"。他于1979年初凯旋德黑兰，成为掌握伊朗伊斯兰共和国最高权力的"精神领袖"，直到1989年5月去世。

阿亚图拉霍梅尼的伊斯兰政治思想最集中地体现在他1970年在纳贾夫对其学生发表的一系列讲演中。这些讲演后来被系统地编成了一本题为《伊斯兰政

## 三、伊斯兰原教旨主义

府：教法学家的统治》的书。与其他伊斯兰原教旨主义思想家相比，霍梅尼除了强调伊斯兰的包容性和要求在社会中全面实行伊斯兰教法之外，他还根据伊朗的实际情况，在以下三个问题上提出了极有创见性的观点：

第一，认为君主制是违反伊斯兰教的。霍梅尼指出，无论在《古兰经》还是在圣训中，都没有关于实行君主制的任何记载；相反，却有指责君主制的圣言。霍梅尼说，真正的伊斯兰国家的主权是属于真主的，国家的领导者只需要按真主的旨意行事。而在君主制下，一切权力（包括立法权）都在国王手中，这是专制和腐败的根源。因此，君主制是违反伊斯兰的，所有的现存君主制政权都必须推翻。他说："伊斯兰从根本上反对整个君主制的概念……君主制度是最可耻和最邪恶的反动制度。"

这样，霍梅尼就把斗争的矛头直指当时强大的伊朗国王，从根本上动摇了国王政权的合法性。不仅如此，这一理论还威胁到了其他实行君主制的伊斯兰国家政权，如约旦、沙特阿拉伯、马来西亚、摩洛哥等，起到了鼓动这些国家的穆斯林起来反对本国君主制的作用。

第二，要实现伊斯兰的统治，必须建立伊斯兰政府，而领导伊斯兰政府的必须是伊斯兰教法学家。

霍梅尼认为，由于伊斯兰是包容一切、至高无上的神圣法律，它就必须以国家的形式体现出来。只有一个伊斯兰政府才能在社会中实施伊斯兰法，才能有效地征收什一税和天课，并把它们正确地用于社会需要。他写道："必须有一个政府来承担伊斯兰法律的实施和全面应用各种伊斯兰措施，这在逻辑上是完全必要的。"

那么，由谁来领导这样一个伊斯兰政府呢？按伊斯兰教什叶派教义，只有先知穆罕默德及其之后的十一位继承者（伊玛目）才是伊斯兰社团合法领导人。霍梅尼认为，在第十二代伊玛目"隐遁"期间，只有具有全面伊斯兰教法知识的教法学家才有资格来承担领导穆斯林社团的责任。在他看来，只有教法学家才最懂得穆斯林社团应该如何生活，国家应该如何按伊斯兰法律来治理。正是根据霍梅尼的这一思想，伊朗在伊斯兰革命后建立了完全由教法学家领导的政府，伊朗伊斯兰共和国宪法规定：

"在马赫迪伊玛目隐遁期间，对伊斯兰社团事务的指导将由虔诚的、具有时代感和勇气的教法学家负责；由人民多数选出的行政管理者将接受他的领导。"

## 三、伊斯兰原教旨主义

第三，革命胜利之后，霍梅尼又提出了一个极有影响的口号，这就是"输出伊斯兰革命"。霍梅尼认为，现存的国际体系是不合理的，应该用伊斯兰世界体系来代替这一体系，使整个世界成为"在真主法律之下的人类之家"。他宣称，伊朗是世界上第一个建立了真正的伊斯兰政府的国家，因而负有领导实现全球伊斯兰化的神圣使命。他在一次群众集会上说：

"我们应该努力向世界输出我们的革命，应该抛开不输出革命的想法，因为伊斯兰是不分国籍的，是支持世界上一切被压迫人民的。"

对大多数穆斯林来说，霍梅尼的这些观点是非常独特和新颖的。霍梅尼自己也说过，他关于伊斯兰政府的思想在传统伊斯兰教中，甚至在圣训中都是找不到根据的。但他强调说，它们是根据伊斯兰的精神，按"伊智提哈德"（逻辑推论）的原则提出来的，是以先知和其他伊玛目为榜样发展而来的。也正是根据这种"伊斯兰逻辑"，伊朗在革命后采用了许多诸如"宪法"、"议会"、"总统"、"内阁"等这样一些来自西方的政治概念。

霍梅尼的政治思想体系与其他伊斯兰政治理论的不同之处就在于，它不但提出了用伊斯兰教破除现存的政治制度，而且还按照现代的政治原则详细设计了新的国家政治结构。不仅如此，它还把这一构想推向伊朗国界之外，使之成为一种世界性的政治理论。由于他的这种理论在伊朗成为政治现实，所以对整个穆斯林世界产生了巨大的冲击，对不满现状的下层穆斯林群众的反抗活动尤其具有吸引力。正如埃及伊斯兰学者哈桑·哈乃菲在为霍梅尼的《伊斯兰政府》一书阿拉伯文版写的序言中所说的：

"与阿富汗尼一样，霍梅尼领导的是一场突破了教派界限的伊斯兰革命，它恢复了早期伊斯兰存在于《古兰经》和圣训源泉之中的革命精神。"

## 5. 伊斯兰原教旨主义极端派

在库特卜、霍梅尼等人的思想影响下，以及在穆斯林世界政治现实的刺激下，70年代后期以来，中东、北非地区出现了一些更加激进的伊斯兰原教旨主义组织。他们的人数虽然不多，但其政治主张非常极端，而且也更加富于"行动性"，所以产生的影响也很大。他们的出现对中东、北非一些国家现存的政治秩序构成了新的挑战，这一现象还有向其他地区辐射和蔓延的趋势。

## 三、伊斯兰原教旨主义

这些伊斯兰原教旨主义者都赞同"一切主权归于真主"的观点,反对"主权在民"、"国家利益高于一切"、"法律社会"等所谓"世俗主义"的说法。他们都强烈地反对社会和政治现状,认为现实的一切都是"反伊斯兰教"的,要求通过"革命"或"圣战"来摧毁现实,建立真正的伊斯兰社会。他们之间只是在行动的方式和斗争的目标上存在着程度上的差异。

曾参与暗杀埃及总统萨达特而被埃及政府处死的伊斯兰原教旨主义者阿卜杜勒·萨拉姆·法拉吉在他写的小册子《不存在的训令》中表达了这种极端的观点。他认为,要建立伊斯兰国家只有靠"圣战"才能完成,而圣战是被穆斯林忽略了的一条"圣训"。他说尤其是要对统治者进行圣战,因为是他们妨碍了伊斯兰国家的建立。他认为一般性的说服和教育是不起作用的,"难道通过这样的说教和虔诚行为就能够建立伊斯兰国家了吗?回答是毫不迟疑的,不。只有靠奋斗(圣战),靠毫不延误和毫不妥协的战斗。他宣称,专制的暴君"要用利剑来铲除",伊斯兰国家的建立要靠"对抗和流血"。

与其他一些伊斯兰原教旨主义者一样,法拉吉表达其原教旨主义思想的方法是通过摘录大量《古兰经》和圣训中的战斗性词句,并援引了一些伊斯兰教历史上著名人物，如伊本·太米叶等人的激烈言词。对于一般下层穆斯林群众来说，这种宣传手段往往能收到极大的效果。

另一位埃及伊斯兰原教旨主义者阿卜杜拉·贾瓦德·亚辛在一本题为《当代的贾希利耶》的书中进一步发挥了毛杜迪和库特卜的思想。他说，埃及只在名义上是一个穆斯林国家，实际上还处于伊斯兰教之前的基督教影响之下，当代的西方文化又加强了这种基督教势力。他认为，所有民族主义、爱国主义都是非伊斯兰思想。他甚至认为，埃及宪法中关于穆斯林与非穆斯林享有平等权利的规定也是反伊斯兰的。如何才能实现一个纯粹的伊斯兰社会呢？他说，在国际上，要进行圣战，不仅是意识形态方面的宣传，而且要进行"征服"；在国内，如果没有一个"伊斯兰国家"就不可能实现"伊斯兰社会"。他说道：

> 伊斯兰是一个国家……它是一个国家，或者说是在某种权威管理下的一个共同体的宗教……今天的伊斯兰号召背离了伊斯兰的这一根本支柱……除非它已采取了一个国家的形式，否则就不能说伊斯兰已被建立起来了。

## 三、伊斯兰原教旨主义

以上这些伊斯兰思想家和理论家尽管分属不同的民族、教派,他们的理论在风格、形式上存有差异,在内容和口号方面也各有侧重,但他们却有着一些最基本的共同点,可以归纳如下:

(1) 他们认为人对世界是不可知的,也不可能按自己的愿望来改造世界。一切都必须依靠真主的意志,而真主的意志已明确表达在经训之中了。《古兰经》和圣训应该是思想的源泉和行动的准则。伊斯兰教具有包容一切的特点,它无论是对宏观的社会、政治、经济,还是对微观的个人生活、言行,都具有普遍的指导作用。

(2) 他们都提出了反对存在于当代穆斯林社会中非伊斯兰的东西,反对社会中的不公正、压迫和腐败。同时,他们都强烈地反对西方在政治、经济、文化方面对穆斯林社会的侵略和渗透。他们号召穆斯林群众起来打破现存秩序,建立真正的伊斯兰社会。

(3) 除霍梅尼外,这些伊斯兰思想家都来自下层的普通穆斯林,他们都反对传统的宗教学者阶层(乌里玛)。尽管他们有时也引经据典,但实际上他们提出的都是一些新思想和新观念。虽然霍梅尼属于传统的乌里玛阶层,但他的理论也有着强烈的反传统性,并富有现代政治色彩。

## 6. 吉哈德——伊斯兰的圣战

在当代原教旨主义的思想体系中，"吉哈德"是一个非常重要的概念，它频繁地出现在许多理论家、思想家的文字和语言中。吉哈德具体包含哪些内容呢？

"吉哈德"一词，原意是为了某种既定的目标而"尽力"或"奋斗"，其宗教含义是为了真主的事业尽力，为主道而奋斗。按传统的伊斯兰教义，世界被划分为两大部分：由穆斯林统治的伊斯兰地区（达尔—伊斯兰）和由异教徒统治的非伊斯兰地区（达尔—哈尔卜）。从理论上说，伊斯兰教的最终目的是把对真主的信仰传播到世界各地，让全世界都接受伊斯兰教。这种使非伊斯兰地区变为伊斯兰地区的手段就是"吉哈德"，即"圣战"。伊斯兰教义认为，圣战是真主指引穆斯林到达天园的直接道路，穆斯林积极参加圣战，便可获得来世的福乐。

伊斯兰教法学家们一般把履行圣战义务的方式分为四种：第一种是"用心"，指穆斯林的精神自省，与自身的邪恶意念斗争，净化心灵，更虔诚地信仰伊

### 三、伊斯兰原教旨主义

斯兰教;第二、三种分别是"用口"和"用手",指穆斯林通过宣传、规劝、辩论和自身的榜样来传播伊斯兰教;第四种是"用剑",要求穆斯林勇敢地与异教徒战斗,以"生命和财产"来弘扬和保卫伊斯兰教。

在伊斯兰教初期,为了动员穆斯林积极参加传播宗教、对外扩张,吉哈德在教义中有很高的地位,并充满鲜明的战斗性和进攻性,具有浓厚的尚武精神和牺牲精神。而到了后来,特别是到了近现代,吉哈德的战斗性和进攻性逐渐减弱,各国的统治者们以及依附于他们的乌里玛们更强调用和平的、非暴力的方式来履行圣战义务,在不得已而使用武力时,也应注重圣战的防御性。

但伊斯兰原教旨主义者认为,近代以来伊斯兰世界的衰弱,根本原因就是背离了伊斯兰的真正精神,其中包括背离了早期的圣战精神。他们反对传统乌里玛对圣战所作的解释,认为这是对伊斯兰教的背叛,只会削弱穆斯林的斗志,使他们放弃必要的暴力斗争,把他们引入歧途。原教旨主义者强调,圣战只能以利剑、生命去完成。他们反对同异教徒和平共处,声称只有当伊斯兰教在全世界取得胜利后,才能有永久的和平。他们否认圣战仅仅是一种防御性的手段,坚信"进攻"和"防御"是圣战不可分离的两个方面。

激进的伊斯兰原教旨主义者宣称,当代伊斯兰世界的一切问题都只能通过战斗来解决,要清除外来势力,结束政教分离的状况,建立伊斯兰政府,全面实施伊斯兰教法,除了吉哈德之外别无他途。他们宣称,不但要与异教徒和无神论者进行战斗,而且要与穆斯林中的叛教者进行战斗,那些与异教徒和无神论者勾结在一起的人已不能再被看作是真正的穆斯林了。他们还认为,由于敌人已经深入到了伊斯兰世界的内部,圣战已不再像过去那样是一种集体责任,而成了一种个人的神圣义务,每个穆斯林可以不受时间、地点和方式的限制,随时随地向伊斯兰的敌人发起进攻,以自己的鲜血和生命为主道而奋斗。

正是在这种极端思想的鼓励下,原教旨主义者在当代伊斯兰世界的大舞台上演出了一幕又一幕惊心动魄的历史剧,掀起了一波又一波伊斯兰复兴运动的汹涌浪潮。

# 四、伊斯兰潮的冲击

70年代末80年代初,伊斯兰复兴运动达到高潮。这一超越民族和国家,超越意识形态和政治制度的国际运动,以中东地区为中心,辐射到北非、中亚、南亚、东南亚,并波及欧、美。伊斯兰世界中,无论是保守的君主制国家、世俗化的共和制国家,还是激进的军事独裁国家,都不同程度地被卷入这股浪潮之中。复兴运动覆盖的地域之广、民族和国家之多、对伊斯兰世界的政治、经济、文化产生的冲击之猛烈,在伊斯兰历史上都是空前的。

然而,复兴运动在不同的国家和地区又表现出不同的内容和特点。在有的地方表现为自下而上的、急风暴雨式的群众运动,在有的地方表现为自上而下的、循序渐进的社会改革运动;也有的地方表现为较平静的信仰复归，还有的地方表现为各种恐怖暴力活动。整个运动除了普遍具有较强烈的原教旨主义色彩外，很难看出有什么共同之处，因此很难对它一概而论。在这本篇幅有限的小书中，我们只打算介绍几个具有典型意义的国家和地区，通过它们来反映伊斯兰复兴运动的全貌。

# 1. 埃及——延绵不断的政教斗争

要认识和了解伊斯兰复兴运动，埃及是最重要的国家，主要有这样几个原因：第一，从人口、面积来看，埃及是一个大国，并处于伊斯兰世界的中心位置。埃及人讲阿拉伯语——《古兰经》的语言，因此它对整个伊斯兰世界的影响远比土耳其、伊朗等伊斯兰大国要大得多；第二，埃及有伊斯兰世界最古老、最著名的学府——艾资哈尔大学，它在伊斯兰学术界、思想界和教育界有着巨大的影响；第三，埃及是近代以来最早受到西方势力入侵和西方文化影响的伊斯兰国家，也是最早对西方影响作出回应的国家。近代以来，埃及出现了穆罕默德·阿布杜、拉希德·里达、赛义德·库特卜等伊斯兰思想家；第四，半个

## 四、伊斯兰潮的冲击

世纪以来,埃及国内一直存在着宗教与政治的激烈斗争。当代人数最多、影响最大的国际性伊斯兰原教旨主义组织——穆斯林兄弟会最早于1926年在埃及建立,近年来一些极端的伊斯兰组织也最先出现于埃及。

1952年,埃及"自由军官组织"领导了推翻旧王朝的革命。开始时穆斯林兄弟会曾对"自由军官组织"给予支持与合作。但不久,由于兄弟会被完全排除在权力之外,加上对新政府的世俗化政策不满,兄弟会与纳赛尔政府的关系很快恶化了。1954年,穆斯林兄弟会趁纳赛尔在一次群众大会上讲话时,企图刺杀纳赛尔,但未成功。纳赛尔对此采取了严厉的镇压措施:处决了6名兄弟会的领导人,近千名成员被投进监狱。许多兄弟会成员逃到沙特阿拉伯、约旦等国家。60年代中期,兄弟会曾试图东山再起,又遭到纳赛尔的无情镇压。以艾资哈尔大学为代表的传统伊斯兰力量则基本上成了脱离政治的纯宗教机构,在一些问题上还起到了政府宣传工具的作用。

到60年代末70年代初,发生了两件大事,使伊斯兰教在埃及政治生活中重新活跃起来。一是在1967年的第三次阿拉伯—以色列战争中,阿拉伯国

71

### 传统的回归：当代伊斯兰复兴运动

家遭到惨败。纳赛尔的阿拉伯民族主义意识形态因此遭到沉重打击。许多穆斯林，包括艾资哈尔大学的著名宗教学者都认为，埃及的失败主要是因为它背离了伊斯兰信仰，受到了外来世俗思想的影响。因此，人们普遍要求加强伊斯兰教育，加深穆斯林的信仰。

另一件事是 1970 年纳赛尔去世和萨达特继任埃及总统。萨达特本人是一名虔诚的穆斯林。他认识到人民中普遍存在的要求"重返伊斯兰"的情绪，希望利用伊斯兰教的力量与激进的纳赛尔分子和其他左翼势力对抗，以巩固自己的地位。另外，他也希望与其他保守的阿拉伯国家，尤其是沙特阿拉伯等海湾国家改善关系。因此。他上台后采取了一系列鼓励和支持发展伊斯兰教的措施。

萨达特当政伊始就提出了"信仰与科学"的口号。他要求国家电台和电视台每天 5 次按时播送呼拜，并且还答应尽早使伊斯兰教法完全成为国家的立法基础。1971 年埃及修改了宪法，除明确规定伊斯兰教是国教外，还规定"伊斯兰教法是国家立法的主要渊源之一"。到 1980 年，这一条文又进一步改为"伊斯兰教法是国家立法的主要渊源"。尽管在法律上穆斯林兄弟会仍是非法组织，萨达特实际上已逐步取消了对兄弟会的各种限制，释放了在押的所有穆斯

## 四、伊斯兰潮的冲击

林兄弟会成员,并允许兄弟会组织大规模聚会和出版一份名为《呼声》的刊物。萨达特因此获得了"信仰者总统"的称号。

1973年埃及和叙利亚联合发动了对以色列的"十月战争"。萨达特有意识地使战争带有强烈的伊斯兰色彩:战争在穆斯林神圣的"斋月"中进行,战争的代号为"巴德尔",得名于先知穆罕默德首次战胜信奉多神教的麦加人的一次战役。在这次战争初期,阿拉伯方面取得了不小的胜利,当埃及军队高喊着"真主伟大"的口号突破以色列在西奈半岛的巴列夫防线时,许多埃及人相信他们确实又重新得到了真主的帮助。

萨达特对伊斯兰教的鼓励和支持,一方面确实赢得了很多穆斯林对他的信任,一些穆斯林兄弟会成员也软化了对政府的批评态度,并参与艾资哈尔大学等受官方支持的宗教机构的活动,有的成员还以个人身份进入了政府。但另一方面,这一宗教政策也刺激了社会上伊斯兰势力的进一步活跃,对国家的稳定构成了新的威胁。所以有的分析家指出,萨达特在伊斯兰问题上采取的是一种"危险的平衡"。

穆斯林兄弟会在许多问题上仍对政府持批评态度,但总的立场日趋温和,避免诉诸武力。但在同时，兄弟会的很多成员对它的立场日益软化持反对态度，一些人纷纷脱离组织，重新建立了一些激进的伊斯兰原教旨主义组织，如伊斯兰解放党、真主战士、圣战组织、赎罪与迁徙等。这些激进组织都激烈地反对现存的政治秩序，主张以暴力推翻萨达特政府，致力于建立伊斯兰国家和全面实行教法。它们之间只是在斗争的形式和方法上存有分歧。1974年6月，伊斯兰解放党在开罗郊区发动了一次对埃及军事技术学院的袭击，并企图用缴获的装甲车进攻开罗市中心的政府大楼。在平息这次暴动中，30多名士兵被打死。后来，该组织领导人萨利姆·萨里亚在受审时声称，其目的是"通过流血来恢复伊斯兰的光辉"。

在这些较小的原教旨主义组织中，赎罪与迁徙组织最为典型，也最极端。这个组织的创建者阿赫迈德·舒凯里·穆斯塔法，原是一个农业技术员，1965年作为穆斯林兄弟会成员被捕。1970年获释后，他对老一代兄弟会领导人感到失望，认为他们太软弱和富于妥协性，于是他自己秘密组建了赎罪与迁徙组织。该组织开始时公开的名称是"穆斯林协会"。穆斯塔法认为，当今的埃及社会完全腐败，成了一个污秽的地方，真正的信教者不能再生活在这些"异教徒"当中，而必须离开他们，使自己净化，最后通

## 四、伊斯兰潮的冲击

过圣战建立真正的伊斯兰国家。他援引先知穆罕默德移居到麦地那为例，认为只要信仰者生活在异教徒中就不可能战胜异教徒。一些赎罪与迁徙的成员离开了社会，迁到上埃及米尼亚的一些山洞里，进行"学习"和接受军事训练。由于认为社会上的清真寺都已落入异教徒的控制之下，他们拒绝去参加祈祷，而是在自己家里做礼拜。他们不与外界通婚，也不让孩子到学校去读书，并拒绝服兵役。

1977年1月，由于政府取消食品补贴，开罗发生骚乱，赎罪与迁徙组织乘机纵火焚烧了市中心的几家夜总会、电影院和酒吧。这次骚乱后，政府逮捕了60多名赎罪与迁徙组织成员。7月，赎罪与迁徙组织绑架了曾在报上写文章谴责他们的埃及前宗教基金部长扎哈比，以他为人质要求政府释放被捕人员。当这一要求被拒绝后，他们杀死了扎哈比。埃及安全机关随后破获了赎罪与迁徙秘密组织，逮捕了620人，并将包括穆斯塔法在内的5人处死。据当时官方公布的材料说，这个组织大约有5000名成员。

70年代末，埃及一再发生穆斯林和信奉基督教的科普特人的冲突。在伊斯兰团体的压力下，埃及政府于1977年8月提出一份法案交议会批准。这份法案规定了按伊斯兰法惩处偷盗、通奸和饮酒，并且还提出对叛教者可处以死刑。这个法案受到科普特人的激烈反对,因为在占埃及人口10%的科普特人中有一种习俗,就是为了离婚等方便,他们常临时改信伊斯兰教,事后再恢复基督徒身份。他们认为关于叛教的规定是针对他们的。为此,科普特人连日在开罗等地举行大规模抗议活动,并与伊斯兰原教旨主义者发生了流血冲突。在此后几年里,科普特人与穆斯林的冲突一直不断。

萨达特执行的经济开放政策使社会两极分化日趋明显,政府机构中的贪污腐化现象严重,从而使伊斯兰原教旨主义更具吸引力。另外,萨达特的对外政策也受到伊斯兰原教旨主义者,包括穆斯林兄弟会中温和的原教旨主义派别的强烈批评。到70年代后期,批评主要反映在三个方面:第一,萨达特疏远苏联,对美国采取一边倒的政策;第二,与以色列进行和平谈判;第三,接纳被伊斯兰革命推翻的伊朗巴列维国王。其中,尤其是与以色列的和谈受到各方面的攻击。

萨达特1977年11月接受以色列总理贝京的邀请,访问耶路撒冷,并开始与敌对了30年的以色列进行和平谈判,1978年下半年双方达成和平协议。萨达特的这一举动激怒了伊斯兰原教旨主义者,因为

## 四、伊斯兰潮的冲击

他们一直以消灭以色列、解放巴勒斯坦为奋斗目标之一。1979年初埃以和约正式签署时,亚历山大和阿西尤特等地的许多学生和市民不顾政府禁令,举行了反政府示威。他们打出了"不与以色列媾和"、"伊斯兰与国家不可分"、"结束道德的衰退"和"富人不得享受特权"等口号。示威者们还欢呼伊朗的伊斯兰革命,反对萨达特允许巴列维国王到埃及避难。穆斯林兄弟会的刊物《呼声》也发表文章,称"与犹太人和平共处是不可能的"。与此相反,在萨达特的授意下,艾资哈尔清真寺却发布了一条"法特瓦"(教令),宣布埃以和平条约是合法的。教令说:"艾资哈尔的乌里玛认为埃以和平条约是符合伊斯兰教法的。它是在埃及于教历1393年斋月(即1973年10月)取得圣战胜利后处于强有力的情况下缔结的。"它还引证了先知与麦加人订立的"侯达比叶条约"为例。

伊斯兰原教旨主义势力的崛起,已日益成为对埃及政权的一大威胁。萨达特也意识到了问题的严重性,因此,他在许多场合强调,要使宗教与政治相分离,必须区分宗教自由与宗教狂热。他还多次对伊朗伊斯兰革命进行攻击。同时,他采取了一些措施,加强政府对宗教的控制,如让全国4万多座清真寺到宗教管理部门登记，对大学校园的宗教活动严加管理，并解散了被原教旨主义者控制的学生联合会。这些措施起到一些作用，但也激起了更多人的不满。1981年9月，面对伊斯兰原教旨主义势力的上升，萨达特采取了断然的措施，逮捕了1600多名极端的原教旨主义分子，重申穆斯林兄弟会为非法组织，封闭了兄弟会的刊物《呼声》，并在军队中清洗了200名被怀疑为兄弟会支持者的军官。伊斯兰组织对此也作出了强烈反应，一连三个星期五都利用礼拜组织了大规模的抗议活动和游行。政教斗争达到了白热化。

10月6日，在庆祝"十月战争"8周年阅兵式上，一辆受检阅坦克突然停了下来，4名士兵从坦克中冲出来，用冲锋枪和手榴弹向检阅台发起进攻，萨达特和另外7名政府官员当场被打死，另有许多人受伤。以哈立德·伊斯兰布里中尉为首的这4人都是"圣战组织"的成员。据埃及官方说，暗杀者们的计划是消灭萨达特和其他政府官员，并在新总统就职仪式上再次进行袭击，随后宣布埃及为伊朗式的伊斯兰共和国。事件发生后，当局又逮捕了2500名原教旨主义分子，大多是圣战组织和赎罪与迁徙组织的成员。暗杀事件立即波及全国，许多地方都发生了动乱，最激烈的是在阿西尤特地区，军队和原教旨主义

## 四、伊斯兰潮的冲击

分子之间激战3天，使80多人丧生。

穆巴拉克继任埃及总统后，对伊斯兰教势力仍然采取分化瓦解和严厉打击相结合的手段，吸收了一些愿意与政府合作的穆斯林兄弟会成员进入议会，并进一步推行宗教与政治分离的政策。80年代，随着伊斯兰复兴运动高潮的过去，埃及社会中的宗教暴力活动有所下降，但原教旨主义的力量仍很强大。同时原教旨主义内部温和派和激进派的分歧也更明显，以穆斯林兄弟会为代表的温和派开始走通过竞选参政，以非暴力方式实现社会"伊斯兰化"的道路，而其他激进的组织仍然坚持暴力斗争。这种情况在1987年大选时充分显露出来。穆斯林兄弟会与自由党组成竞选联盟，提出的竞选口号是："伊斯兰——唯一的解决办法"。而激进的原教旨主义者则反对选举，他们在各地冲击投票站，砸选票箱，或是投一些无效选票破坏选举。当局出动了大批军警，逮捕了750名原教旨主义分子，才使选举进行下去。选举结果，穆斯林兄弟会与自由党的联盟得到全国17%的选票，在议会获得60个议席，其中兄弟会成员得到36个议席，一跃成为最大的合法反对党。

## 2. 伊朗的伊斯兰革命

在伊斯兰复兴运动中，伊朗是唯一通过大规模的群众性运动成功地建立了伊斯兰政府的国家。70年代末的伊朗伊斯兰革命把伊斯兰复兴运动推向了高潮。伊朗革命的方式、革命中提出来的口号、革命后建立的伊斯兰国家，极大地鼓舞了各国的伊斯兰原教旨主义者的斗志，为他们提供了一个成功的榜样。

伊朗是一个伊斯兰教什叶派国家，96%的人信奉什叶派。长期以来，什叶派教士集团在社会中有很高的地位。他们有自己的独立的经济来源，土地、庄园、寺产等。他们掌握着清真寺、宗教学校等传统的舆论阵地，分布在全国城乡各地的专职教士（毛拉）与社会各阶层群众保持着广泛的联系。因此，他们在社会生活和政治生活中具有举足轻重的影响。

1925年巴列维王朝建立后，采取了一系列限制宗教特权的措施，引起宗教上层的不满。而60年代，巴列维国王推行以土地改革为主要内容的"白色革命"，更进一步触动了宗教界的经济利益，引起他们的反抗。对宗教界的反抗，国王采取了镇压手段，迫

## 四、伊斯兰潮的冲击

使霍梅尼等宗教上层人士流亡国外,双方矛盾日趋激化。另一方面,巴列维国王还在"现代化"的口号下,引进大量西方思想和生活方式,严重触犯了伊斯兰教规。而人民并没有从"现代化"和"世俗化"中得到好处,相反,社会中两极分化加剧,广大群众的生活日益贫困化。

在国王的高压统治下,各种政党被取缔,人民丧失了言论、集会、出版的自由,宗教成了唯一的有可能存在的组织形式。各种反国王势力都逐渐地团结到宗教的旗帜下。流亡在国外的霍梅尼则成了斗争的象征和精神领袖。霍梅尼之所以能成为各派力量众望所归的领袖,一是他长期不妥协地与国王进行斗争,二是他曾系统地提出了一套关于伊斯兰国家和政府的理论。他认为,在先知的后裔伊玛目隐匿期间,伊斯兰国家应该由精通沙里亚的教法学家来领导。他这种理论简单明白,没有受到任何非伊斯兰思想的影响,因此极易为普通群众所接受。

到1978年下半年,伊朗国内矛盾激化,人们纷纷走上街头,高举霍梅尼的画像,呼喊打倒国王的口号,举行罢工、罢市、罢课和示威游行,并同军警展开搏斗。全国各地的1万多所清真寺成了反对派动员和组织群众的战斗指挥部,霍梅尼则在国外遥控指挥。动乱持续了3个月，政府逐渐失去了对局势的控制，军队也开始倒戈。在一片反对声中，巴列维国王离开德黑兰，流亡国外。1979年2月1日，霍梅尼结束了15年的流亡生涯，凯旋般地从巴黎乘飞机回到伊朗，在机场受到了百万群众的盛大欢迎。2月12日，霍梅尼任命临时内阁接管了政府。就"伊朗是否将成为一个伊斯兰共和国"这一问题，全国举行了公民投票，98.2%的人投了赞成票。4月1日，霍梅尼宣告伊朗伊斯兰共和国成立。

新政权虽然是一个"共和国"，实际上是由少数什叶派高级教士掌握大权的政教合一的国家。它的权力结构完全是按照霍梅尼的宗教政治思想建立的。1980年初公布的新宪法规定，"伊斯兰共和国只承认真主的统治"，它的立国基础是《古兰经》。宪法中还明确规定了教职人员的统治地位："教法学家依据《古兰经》和真主的传统发挥永恒的领导作用。"宗教领袖被赋予了极大的权力，包括任命教法监护委员会成员和最高法院院长，任免总统，统率全国武装力量，决定宣战和停战等特权。

革命后的伊朗在社会生活中实行"全面伊斯兰化"，原先世俗性质的民法、刑法、商法都被废除，完全按伊斯兰法来治理社会。政府规定妇女必须穿长

## 四、伊斯兰潮的冲击

袍戴面纱，违者将被监禁一年，妇女的主要责任是作为抚养和教育孩子的母亲，她们应尽量少参加公共活动；严禁饮酒、吸毒、赌博和播放西方音乐；禁止男女同校；禁止银行利息，等等。一旦发现有违反教法的行为，轻则罚款，重则送进监狱。革命后全国的清真寺数量大增，1978年共有15000所，到1981年已达22000所。霍梅尼自己也依照先知穆罕默德的榜样，在德黑兰郊区贾姆兰清真寺旁的一所简朴的房子里居住和工作，并常常在星期五到清真寺做礼拜和发表演讲。

国王政权被推翻后，与宗教界在革命中一度合作的民族主义者、左翼的社会主义者开始与伊斯兰政府分道扬镳，并走上了对抗的道路。国王的支持者也在密谋进行复辟。一时间，血腥的暗杀、暴乱等活动到处蔓延，上千名各级政府官员和宗教人士被杀死。伊斯兰政府也采取了毫不留情的镇压和清洗，在革命后的3年时间里，有4000多敌对分子被处死。当时的议长拉夫桑贾尼说："我们必须立即采取行动……否则，伊朗就会变成另一个黎巴嫩。"他还说，伊斯兰要求我们采取坚决行动。到1982年，伊斯兰革命政权已稳固了下来。

在对外政策上，伊斯兰政府提出"既不要东方，也不要西方,只要伊斯兰"的口号。既反对以美国为首的西方世界,也反对以苏联为首的共产党国家。霍梅尼把当今世界分为压迫者和被压迫者两大阵营,多数第三世界国家都属于被压迫者,超级大国、西方世界和一些投靠它们的第三世界国家政府则是压迫者。霍梅尼称,伊朗是世界上第一个建立了真正的伊斯兰政府的国家,因此,领导实现全球伊斯兰化,解放被压迫者是伊朗义不容辞的使命。它应该向全世界,首先是向穆斯林国家输出"伊斯兰革命"。另一方面,输出伊斯兰革命也是保卫伊朗革命的一种手段。伊朗总统哈梅内伊说:"如果把革命限制在伊朗境内,它将变得软弱无力。"

伊朗"输出伊斯兰革命"的主要方式是派出人员,并利用广播电视、书籍报刊等渠道向外宣传伊斯兰革命思想,号召各国穆斯林起来推翻本国的世俗化政府,建立伊朗式的伊斯兰政府。它还对一些国家的反政府宗教力量提供援助。伊朗的做法引起了许多穆斯林国家政府的恐慌,尤其是海湾国家。为了对抗伊朗构成的威胁,沙特阿拉伯、科威特等六国组成了海湾合作委员会。伊拉克则先发制人,发动了进攻伊朗的战争。这场两败俱伤、损失惨重的两伊战争持续了整整8年。

四、伊斯兰潮的冲击

## 3. 流血的圣地——麦加大清真寺事件

从许多方面看来,沙特阿拉伯堪称为一个典型的"伊斯兰原教旨主义"国家。这个国家没有宪法,而以《古兰经》为宪法。前国王费萨尔是这样说的:"宪法?要它做什么?《古兰经》就是世界上最古老、最完善的宪法。"沙特阿拉伯严格实行伊斯兰教法,沙里亚法庭遍布全国各地,各种刑事犯罪仍按照古老的伊斯兰教法来惩处。1977年王室的一位公主(当时的哈立德国王的侄孙女米沙尔公主)与情人私奔,逃到机场被抓住,也照样按伊斯兰教法用乱石砸死。这件事曾轰动了当时的国际社会。沙特阿拉伯还有一个"惩恶扬善委员会",这个委员会派出的宗教警察(穆塔维)负责监督人们的礼拜、衣着和言行,使之符合教规。西方文化在这个国家受到严格的限制,赌场、酒吧、夜总会都在严格禁止之列,甚至连电影院也不允许存在。

石油的开采和巨额的石油收入,使沙特阿拉伯迅速走上了现代化的道路。沙特王室政府面临的一个新问题，就是如何使现代化的生活方式符合传统的伊斯兰教规。当开始使用收音机、汽车、电视和兴办妇女教育时，政府都曾受到乌里玛的批评，但统治者总是尽量不违反宗教原则，并争取得到宗教界的认可。例如，当乌里玛对使用收音机提出质疑时，政府就用收音机播放《古兰经》；当政府聘请美国石油专家来工作时，宗教界对让异教徒进入圣地表示反对，阿卜杜勒·阿齐兹国王就引用先知当年也雇用非穆斯林的例子，证明这样做并不违反伊斯兰教。

为了使现代化不与伊斯兰教发生冲突，沙特也采取了一些变通的办法。例如，为了避免妇女和家庭之外的男性接触，沙特阿拉伯开设了专门的妇女银行，工作人员和顾客为清一色的女性；高层建筑有妇女专用的电梯；大学里男教师只能通过闭路电视为女生上课；并规定没有家中成年男子的陪同，妇女不得单独驾驶汽车和旅行等。所以，尽管沙特阿拉伯的现代化程度已很高，但它仍是个伊斯兰教色彩十分强烈的国家。

由于建立在政教合一和部族联系基础之上，加上有不断增加的石油收入，沙特王室政权的统治一直是比较稳固的。但是，到了70年代末，与所有其他穆斯林国家一样，沙特阿拉伯也受到了伊斯兰复兴运动

## 四、伊斯兰潮的冲击

的强烈冲击。

首先,国内外越来越多的舆论认为,君主制是违反伊斯兰教的。他们强调,《古兰经》中关于穆斯林应该通过"互相协商"来处理内部事务,这意味着一个真正的伊斯兰国家必须是共和制的,而君主制则将权力集中在个人手中。另外,沙特王室成员对石油财富的巧取豪夺及其穷奢极欲的生活方式也受到了激烈的攻击。人们看到:尽管沙特国内禁酒禁赌,王室成员和政府官员却可在国外狂饮豪赌;虽然在名义上为了公众道德禁止放映电影,富人们却可在家中大肆观看暴力和色情录相;普通人因偷了一点东西会被砍手,而一些王室成员却可通过投机受贿转手之间获得数千万美元的不义之财;他们有豪华的宫殿,有私人飞机,可为婚礼、骆驼赛一掷千金。

1979年11月20日,也就是伊斯兰教历1400年的元旦,凌晨5点多钟,300多名装备精良的极端原教旨主义分子突然占领了麦加大清真寺。为首的是一名叫朱海曼·乌泰比的人和他的内弟穆罕默德·卡塔尼。暴动者们封锁了大清真寺的所有48个入口,通过高音喇叭向在寺内做晨祷的约4万名穆斯林宣布,沙特家族的统治是非伊斯兰的,号召人们起来推翻这个腐败的、投靠美国的统治集团,建立真正的、合法的伊斯兰统治。朱海曼还宣称，卡塔尼是"马赫迪"（救世主），并说他们因受到迫害，需要在寺内寻求避难和保护。

40岁的朱海曼·乌泰比出生在阿拉伯半岛西部的盖西姆，曾在国民卫队中服役过15年，后进入麦地那伊斯兰大学学习伊斯兰法律。他认为，沙特王室已完全背叛了伊斯兰教，必须用武力将其消灭。他在一篇文章中写道：

> 你们都看到了，自从阿卜杜勒·阿齐兹国王在半岛建立统治以来，人们对伊斯兰教变得愚昧无知了……他们放弃了奋斗，与基督徒结盟，并追求物质的东西（指石油）。我们相信，继续这样的统治将毁灭真主的宗教，尽管他们假装坚信伊斯兰。我们祈求真主让我们从他们的统治下解脱出来。

他还指责乌里玛与统治家族互相勾结，"除了腐败，乌里玛和谢赫（酋长）们的钱还能从哪里来"。他秘密发展了一批追随者，并购买了武器。他们计划在伊斯兰15世纪开始时，趁沙特国王来大清真寺礼拜的机会把他杀死，推翻沙特政府。

## 四、伊斯兰潮的冲击

面对这一突如其来的事件,沙特当局一时不知所措,因为麦加大清真寺是伊斯兰教最神圣的圣地,是不允许有暴力和流血的。沙特国王哈立德紧急召集了乌里玛委员会进行协商。在取得他们的同意后,调集了1万多人的军队包围了大清真寺,巴基斯坦也派来了数千名军警。经过两个星期的血战,最后才终于平息了这次暴动。战斗中,有127名军警,卡塔尼等117名叛乱分子和25名朝觐者被打死。另外170名叛乱者被政府抓获。一个月后,包括朱海曼在内的67人被斩首处死。这些被处死的人中,除沙特人外,还有埃及人、也门人、苏丹人、科威特人等。

就在麦加发生暴乱的同时,半岛东部的哈萨地区也发生了大规模的动乱。这里是沙特阿拉伯石油的主要生产基地,聚居着20万—30万什叶派穆斯林。在伊朗伊斯兰革命的影响下,什叶派穆斯林不顾政府禁令,举行了阿术拉哀悼日的纪念活动。成群结队的人举着霍梅尼的画像和标语举行示威,并与军警发生了冲突。动乱持续了数日,造成十多人死亡。

麦加大清真寺事件和东部什叶派的暴乱,使沙特王室受到强烈的震动,他们深深感到了伊斯兰反对派的威胁。对此,统治集团内部出现了两种不同意见。一些人认为,伊斯兰反对势力的出现,是由于政府多年来对伊斯兰势力鼓励和纵容的结果，主张采取压制和打击的强硬手段；另一种看法认为，沙特社会的伊斯兰色彩还不够强烈，沙特的伊斯兰教还不够纯净，要求进一步加强国家的伊斯兰特征。政府综合了两方面的意见。除对反对势力严加防范外，也采取了一些措施来"净化"伊斯兰教。当时的王储法赫德说："有一条阿拉伯谚语说：疾病可以健身。清真寺事件为我们指出了一些原来注意不够的事情。"沙特政府对王室中的挥霍和腐败现象进行了整治，对社会中教法松弛的现象也作了整顿，并宣布要扩大民主程度，成立"协商会议"。但秘密的伊斯兰反对派仍然存在，并在一些问题上不时对政府进行攻击。

## 4. 阿富汗的圣战者抵抗运动

阿富汗是一个多山的内陆国家，伊斯兰教在人民中有极深的影响，人口中98%是穆斯林。近代俄国和英国曾试图把阿富汗纳入自己的殖民统治，但都因遭到当地穆斯林的顽强抵抗而未能得逞。因此，阿富汗在近代不仅保持了国家的独立，传统的伊斯兰教也从未被削弱过。

## 四、伊斯兰潮的冲击

早在70年代初,阿富汗就出现了一些伊斯兰反政府组织,反对当时国王采取的世俗化和西方化路线。1978年4月,左翼的人民民主党通过政变建立了亲苏联的共和国。这个世俗性质的政权也受到了伊斯兰教势力的反对,全国各地出现了许多以"圣战"为旗帜的武装组织,控制了全国近三分之二的地区。为了支持和保护亲苏政权,苏联于1979年12月出兵10万入侵阿富汗。伊斯兰反对派与政府的斗争也就发展成了当地穆斯林与苏联侵略军的战争。

为了争取人民群众的支持和削弱反对势力,喀布尔当局也力图用伊斯兰教来改变自己的形象。1980年初,政府总理卡尔迈勒在讲话中开始大量使用伊斯兰语言,并保证宗教完全自由,允许各种教派存在,维护民族的传统和风俗。国家电台和电视台每天宣读《古兰经》。革命后采用的红旗也改为象征伊斯兰教的绿色和黑色国旗。由于喀布尔政府始终依赖苏联的保护,因此,这些姿态对于争取人民的支持并没有起多少作用。

阿富汗的伊斯兰抵抗运动没有统一的领导机构,也没有共同的纲领,是由根据不同的部族、地域、教派和意识形态组成的许多大大小小的组织构成的,只有反对入侵苏军和现政府是它们的一致目标。到80

年代初，这些反政府武装形成了两个松散的集团，分别称为"七党联盟"和"八党联盟"。

"七党联盟"是指总部在巴基斯坦白沙瓦的逊尼派穆斯林"阿富汗圣战者伊斯兰联盟"，由七个党派组成，是全国最强大的反政府组织，有兵力10万人左右。这七个党派中，又分为伊斯兰原教旨主义和民族主义两类。三个力量最强的组织：伊斯兰党（由希克马蒂亚尔领导）、伊斯兰协会（拉巴尼领导）、伊斯兰党哈利斯派（哈利斯领导），都属于伊斯兰原教旨主义派别。它们的目的都是要将阿富汗建成一个伊朗式的伊斯兰国家，但在斗争方式和具体目标上存在着分歧。人们感到惊奇的是，伊斯兰原教旨主义者主要是受过高等教育的知识分子和一些宗教学者，如希克马蒂亚尔是60年代大学毕业的工程师，拉巴尼是喀布尔大学的伊斯兰学教授。另外的四个党派则属于民族主义派别，其成员多为毛拉、部落首领、地主等。他们希望使阿富汗成为一个具有民主色彩的伊斯兰国家，甚至赞成恢复原来的君主立宪制。

"七党联盟"在1984年的联合声明中说：

> 鉴于我们笃信伊斯兰教的人民的历史性，抵抗运动应该在国际社会取得其应有的地位，抵抗

## 四、伊斯兰潮的冲击

运动应该从人民中获得正式作为其事业的唯一代表权……七组织领导人一致同意统一反抗共同敌人的力量,建立强有力的统一战线,在《阿富汗圣战者伊斯兰联盟》的名义下,手携手,肩并肩,持续不断和毫不留情地进行解放祖国的斗争。

"八党联盟"则是由八个什叶派穆斯林组织联合组成的"伊斯兰革命联盟",总部在伊朗境内,也号称有10万圣战者。"八党联盟"的领导人都是什叶派教职人员,受伊朗革命的影响很深,并受到伊朗政府的支持。什叶派的反苏武装活动主要是在与伊朗交界的哈扎拉地区。

这些被外界称为"伊斯兰圣战者"的抵抗组织,其共同点是以伊斯兰教为旗帜,动员群众进行反对亲苏的喀布尔政权。也就是说,它们是以伊斯兰为斗争的基本纲领,反对共产主义意识形态。所以一些西方分析家说,伊斯兰复兴运动在其他地方主要表现为反对西方,反对资本主义,而在阿富汗则表现为"伊斯兰与共产主义的斗争"。

阿富汗的伊斯兰抵抗运动得到了穆斯林国家的广泛支持。1981年1月,40个伊斯兰国家的首脑通过了《麦加宣言》,号召进行全方位圣战。宣言说:"鉴于在阿富汗犯下了侵略一个伊斯兰主权国家,侵犯阿富汗人民自决权的罪行,我们决心继续支持阿富汗人民进行战斗"。长期以来,逊尼派抵抗组织一直得到西方国家和巴基斯坦、沙特阿拉伯、埃及等穆斯林国家的支持,获得了大量的物资、武器装备和财政援助。什叶派则得到与阿富汗相邻的伊朗的支持。但是,伊斯兰各派系和各组织之间也不时为争夺地盘和物资而发生冲突。

伊斯兰抵抗组织的武装斗争严重打击了喀布尔的亲苏政权,也给苏联的军事占领造成了极大的困难。到1984年,全国70%的地区已在抵抗运动的控制之下。政府军的伤亡人数达1.7万人,苏军的伤亡在2万至3万人之间,游击队的伤亡也超过了3万人。更使苏联政府狼狈的是,几乎在所有的国际组织和机构中,它都因出兵阿富汗而受到谴责,尤其是在第三世界更是成了众矢之的。

长期陷入阿富汗局势,使苏联在人力、财力和外交上都非常吃力。1989年苏军开始撤离阿富汗。苏军全部撤走后,喀布尔政权勉强支撑了两年,最后终于1992年初土崩瓦解。1992年5月,以"七党联盟"为首的抵抗组织接管了喀布尔政权,并宣布阿

四、伊斯兰潮的冲击

富汗为伊斯兰共和国。

## 5. 巴基斯坦、土耳其、马来西亚、利比亚

伊斯兰复兴运动除了以暴风骤雨、轰轰烈烈的形式在一些国家开展外,也以不动声色、不引人注目的方式在另一些国家进行着。实际上,它对这些国家政治、社会和人民生活产生的影响并不亚于那些引起轰动效应的国家。

**巴基斯坦** 曾有人问巴基斯坦的缔造者穆罕默德·真纳,"这个国家最根本的原则是什么?"他答道:"穆斯林是一个民族。"确实,当巴基斯坦1947年脱离印度单独成为一个国家时,使许多不同的部族、地区、语言、阶级凝结在一起的唯一东西就是伊斯兰教,伊斯兰教始终在政治上占有重要地位。尽管如此,50—60年代,世俗化还是在逐渐发展。尤其是这个国家与美国一直保持着密切关系,在文化上受美国影响较深。政治斗争主要是在伊斯兰原教旨主义者与伊斯兰现代主义者之间进行,前者要求全面伊斯兰化,而后者则主张政教分离。经过长期的较量,原

传统的回归：当代伊斯兰复兴运动

教旨主义派逐渐占了上风。70年代，总理阿里·布托的世俗化倾向受到了以伊斯兰促进会为首的原教旨主义者的猛烈攻击，还批评政府要对东巴（今孟加拉国）1971年的分离负责。

1977年，齐亚·哈克发动军事政变，推翻了布托政府。为了得到各方面的支持，新政府成立后，立刻开始进行原布托政府一直不愿做的事：在全国推行"社会伊斯兰化"运动。政府吸收原最大的反对派伊斯兰促进会成立了国家伊斯兰顾问委员会，在全国全面实施伊斯兰法，恢复伊斯兰教的扎卡特税，废除银行利息。齐亚·哈克还宣布将以阿拉伯语代替原来的英语作为国家的第一外语，在广播中增加伊斯兰节目，他甚至要求政府工作人员不得穿西服、打领带，而穿传统的民族服装。这些做法博得了伊斯兰原教旨主义者的欢呼，也得到其他一些伊斯兰国家的支持。

**土耳其** 土耳其是伊斯兰世界在世俗化道路上走得最远的国家，但它同样被卷入了70年代的伊斯兰复兴运动之中。60年代后期，以民族秩序党为代表的一批伊斯兰原教旨主义政党开始在政坛上崭露头角，引起政府的不安。1971年在军队的支持下，民族秩序党被取缔，罪名是该党的宗教性纲领与国家的世俗原则相抵触。但1972年，民族秩序党又以救国

## 四、伊斯兰潮的冲击

党的名义重新出现,以合法政党身份参加了政治舞台上的角逐。与其他许多国家的原教旨主义派别组织一样,救国党的成员大多是受过世俗教育的知识分子,具有很强的参政能力。救国党的影响不断增强,在1973年大选中获得12%的选票。与此同时,一些民间传统的苏非教团也活跃起来。一时间,伊斯兰教势力上升,暴力活动不断,加上经济状况越来越糟,全国局势动荡不安。1980年军队发动政变,成立了以埃夫伦将军为首的军政府,重申坚持凯末尔的世俗原则,不允许宗教干预政治,并解散了所有政党。但80年代中期以后,随着民主秩序的恢复,宗教政治活动又开始在各地活跃起来,在军队中、政府部门中、大学中都出现了原教旨主义的支持者,教团活动也在边远的乡村中蔓延。有人认为,到一定时候还要靠军队出面来制止伊斯兰势力的发展势头。土耳其就是这样一次次地靠军队把国家从伊斯兰的道路上拉回到世俗的道路上来。

**马来西亚**  即使在远离中东的马来西亚,伊斯兰复兴运动也在"静悄悄地"进行。穆斯林大约只占马来西亚1500万人口中的一半,主要是马来族。马来西亚于1957年取得独立后即规定伊斯兰教为国教。70年代社会上掀起一股要求国家伊斯兰化与马来民

传统的回归：当代伊斯兰复兴运动

族化相结合的潮流，在野的泛马伊斯兰党不断向联邦政府施加压力，要求以伊斯兰教法为国家法律，并要求提高乌里玛在国家政治生活中的地位。同时，马来西亚青年穆斯林运动、马来西亚伊斯兰福利组织等传教团体也在积极行动，在华人和少数民族部落中发展穆斯林。据这些组织称，自60年代开始，到1979年为止，已有16万人改信了伊斯兰教。全国的清真寺也从1976年的2000座增加到了1979年4000座。执政的马来民族统一机构（巫统）在推行民族一体化（马来化）的政策时，对伊斯兰活动持鼓励态度。特别是当1981年马哈蒂尔出任政府总理后，更是对伊斯兰活动予以大力支持。他1982年正式宣布马来西亚实行"政府机构伊斯兰化"，并建立了一系列机构：伊斯兰银行和保险公司，伊斯兰经济发展基金，伊斯兰国际大学，伊斯兰医疗中心，等等。马哈蒂尔还在对外关系上尽力向伊斯兰国家倾斜，宣称"伊斯兰集团对我们来说，比不结盟运动和英联邦都更加重要"。他对巴勒斯坦事业的支持和反对以色列的坚决态度，使巴解领导人阿拉法特都称赞："马来西亚比某些阿拉伯国家与我们更亲密。"

**利比亚** 1969年9月利比亚推翻君主制后不久，其领导人穆阿迈尔·卡扎菲即宣布在利比亚进行

## 四、伊斯兰潮的冲击

"伊斯兰文化革命"。他说伊斯兰教"比共产主义更进步","它规定了经济制度,规定了人们之间的关系,奠定了富足、正义、自由的社会基础"。1972年,卡扎菲宣布在全国实施伊斯兰法,并开展清除西方文化、净化思想的群众运动。他还利用国家的石油收入对世界上一些国家的伊斯兰教事业给予资助。然而,到了70年代后期,一些国家的伊斯兰宗教人士和学者认为,卡扎菲的伊斯兰口号实际上歪曲了真正的伊斯兰教,有很多是他自己随心所欲的发明创造。例如,他以"伊智提哈德"(独立判断)的方式,基本上否定了在伊斯兰世界被奉为经典的"圣训",他还把他自己与先知穆罕默德相提并论,甚至提出要把伊斯兰教历改为从穆罕默德去世的时间算起。卡扎菲在他写的《绿皮书》中提出了一种"世界第三理论",却对伊斯兰教的政治作用未做任何评论。还有报道说,他对利比亚国内的传统的乌里玛进行迫害。但无论怎么说,卡扎菲在利比亚开展的"伊斯兰文化革命"也是整个伊斯兰复兴运动的一个组成部分。

另外,在叙利亚、突尼斯、苏丹、伊拉克、摩洛哥,在其他所有伊斯兰国家里,复兴运动也都在以不同的特点,不同的方式进行和发展着。

# 五、对现在和未来的挑战

　　以伊朗伊斯兰革命为代表的伊斯兰复兴运动在70年代末80年代初达到了第一个高潮。这次势头过去之后，伊斯兰世界在80年代中期出现了一个相对稳定的时期。由于伊朗式的革命并没有在其他国家发生，一些国家的伊斯兰原教旨主义分子的活动也渐趋平静，很多人便以为伊斯兰复兴运动已近尾声，有些零星事件也不过只是"强弩之末"罢了。但是，到了80年代后期，世界却又一次看到伊斯兰大潮的重新涌起，许多国家再次领略了伊斯兰原教旨主义来势汹猛的冲击。在西亚的黎巴嫩、约旦，在以色列占领下的约旦河西岸和加沙地带，在北非的苏丹、阿尔及利亚、埃及，在苏联的中亚地区和阿富汗，甚至在纽约、伦敦、巴黎，人们都可以感觉到伊斯兰原教旨主义者咄咄逼人的新攻势。

# 1.《撒旦诗篇》引起的轩然大波

1988年9月，印度国会的两名穆斯林议员向政府提出动议，要求禁止一本叫做《撒旦诗篇》的书在印度出版和发行。他们声称，加入了英国籍的印度作家萨尔曼·拉什迪写的这本小说亵渎了伊斯兰教，书中影射和丑化了先知穆罕默德。印度政府很快就下达了禁止这本书在印度出版和销售的命令。接着，巴基斯坦、南非、沙特阿拉伯、埃及、孟加拉、印尼、马来西亚等许多国家也下了禁书令。《撒旦诗篇》由伦敦企鹅出版社出版后，全英穆斯林组织联盟10月把该书中有冒犯伊斯兰教的段落摘录和复印下来，寄给一些伊斯兰国家和组织，呼吁他们采取行动，并要求英国政府禁止《撒旦诗篇》在英国继续发行。成千上万旅居英国的穆斯林在伦敦等地集会抗议，并点火焚烧了一本又一本《撒旦诗篇》。抗议和谴责的浪潮立即蔓延到欧洲其他国家，蔓延到伊朗、巴基斯坦、印度、埃及……12月12日，愤怒的数千名巴基斯坦人冲击了美国文化中心，警察开枪镇压，5人死亡，数十人受伤。

从1989年初开始，斗争的矛头从这本书转向了书的作者，有人喊出了绞死拉什迪的口号。2月14日，伊朗最高宗教领袖阿亚图拉霍梅尼说话了。他发布了一道被称为"20世纪最重要的"法特瓦（宗教命令），提出不仅要禁书，还要惩罚书的作者和出版者：

> 我谨以真主的名义通知全世界虔诚的穆斯林，《撒旦诗篇》一书的作者及出版者已严重冒犯了伊斯兰教、先知和《古兰经》，必须将他们处死。我要求每个穆斯林不论在何处发现他们就立即执行其死刑，旨在使任何人都将不再敢亵渎穆斯林的神圣价值。无论谁因此而牺牲都将成为光荣的烈士，并将直升天园。

命令既下，举世震动。德黑兰街头立即出现了浩浩荡荡的示威游行队伍，人们高呼口号，响应霍梅尼的死刑令。伊朗政府也马上公布了处死拉什迪的悬赏金：杀死拉什迪的穆斯林可以得到260万美元，外国人可以得到100万美元。数日之后，这笔悬赏金一升再升，上述两个数字分别超过了600万美元和400万

## 五、对现在和未来的挑战

美元。据英国反恐怖专家说,几支训练有素的伊朗职业杀手已开始潜往英国。世界许多国家怒火冲天的穆斯林,包括英国的穆斯林也都表示,只要他们发现拉什迪,一定要亲手将他杀死。

面对霍梅尼的死刑,西方世界却是一片愕然。他们从自己的价值观念出发,无论如何也无法理解和容忍这样的命令。西方国家纷纷指责伊朗和霍梅尼,说"一个国家的政府绝对没有权利判处另一个国家公民的死刑","这纯属无耻的恐怖暴徒行为","文明世界决不能容忍这种号召国际恐怖主义的行为"。萨尔曼·拉什迪是英国人。英国政府一方面向伊朗提出强烈的抗议,停止了正在进行的与伊朗改善关系的外交谈判,后来又进一步断绝了两国的外交关系,同时在另一方面,由伦敦警察厅采取了对拉什迪的安全警卫措施,把他送到一个秘密地点严密保护起来。

全世界45个伊斯兰国家的政府和领导人,无论与伊朗关系是好是坏,虽然有的在私下对此事也表示了不同的看法,但谁也没有明确表示反对态度,也没有哪一个替拉什迪说一句免死的话。只有利比亚领导人卡扎菲强调说,拉什迪本人并不重要,"重要的是在这本书的背后的反对阿拉伯和伊斯兰教的基督徒与犹太人"。而一些国家的伊斯兰反对派组织却都对死刑令表示了赞同，如黎巴嫩的"真主党"、巴勒斯坦的"圣战者组织"都立刻发表声明，坚决拥护霍梅尼的命令。

《撒旦诗篇》到底是怎样一本书？这本小说以荒诞的手法，描述了一个名叫穆罕默德·麦亨德的商人受到神的启示，成了先知，他在一座叫贾希利亚的城市创立了一种宗教。在拉什迪笔下，麦亨德是一个反复无常、鲜廉寡耻的骗子和好色之徒。穆斯林认为，拉什迪这是影射先知穆罕默德和圣地麦加；因此犯了亵渎伊斯兰教的弥天大罪。

42岁的萨尔曼·拉什迪为自己辩解说，他只是叙述了一个想象的故事，根本无意污蔑伊斯兰教。尽管如此，在霍梅尼发出死刑令几天后，拉什迪还是发表了一个表示悔过的声明。他说："书的出版引起了世界许多地方虔诚穆斯林的痛苦，我对此感到深深的遗憾。"但这毫无用处。霍梅尼立刻通过电台说，拉什迪不能得到宽恕。1989年6月3日，也就是在他下达处死拉什迪的命令3个月后，87岁的霍梅尼去世了。但那道死刑令却仍使拉什迪度日如年地在警方保护下过着隐居生活。一直到1993年初，伊朗政府仍表示不能解除霍梅尼对拉什迪下的死刑令。

《撒旦诗篇》事件本身固然是一个文学作品伤害

五、对现在和未来的挑战

人们宗教感情的事件，但整个伊斯兰世界竟会作出如此强烈的反应，是许多人所始料不及的。这一事件极其客观地反映了伊斯兰复兴运动对伊斯兰国家和穆斯林群众所产生的影响，反映了穆斯林自我意识的回归和加强。可以推测，假如这一事件发生在30年前，即50年代后期，伊斯兰世界的反应是绝不会如此激烈和广泛的。

## 2. 席卷阿尔及利亚的"伊斯兰政潮"

1991年12月26日，阿尔及利亚举行了独立30年来首次多党议会选举。4天后国家宪法委员会公布了第一轮投票结果。令世人感到吃惊的是，在选出的231个席位中，执政多年的"民族解放阵线"只获得了可怜的15席，"社会主义力量阵线"获得25席，无党派独立人士获得3席，而最大的反对党——"伊斯兰拯救阵线"却取得了压倒性的胜利，夺得188席！阿尔及利亚新国民议会共设430个席位，余下的199席的归属预定在1992年1月16日的第二轮投票中确定。国内外许多人都相信,伊斯兰拯救阵线将会全面胜利,阿尔及利亚将成为另一个政教合一的伊斯兰国家。伊朗政府热烈欢呼"伊阵"的辉煌胜利,并表示希望阿尔及利亚"尽快建立一个伊斯兰政府"。

伊斯兰拯救阵线是阿尔及利亚最主要的伊斯兰原教旨主义组织。它从1989年3月诞生到选举获胜只有两年多的时间。这个组织并未提出任何治理国家的具体政治纲领,只是宣传要把阿尔及利亚建成一个名副其实的伊斯兰国家。它提出的口号是,不要宪法,不要法律,《古兰经》就是一切。伊斯兰拯救阵线以清真寺为阵地,攻击执政的民族解放阵线贪污腐败,宣传伊斯兰社会的平等和正义,深得中下层穆斯林人民的拥护。但其他政党对它却不屑一顾。社会主义力量阵线的领导人阿哈默德认为它算不上一个政党,说它只不过是一群"乌合之众"。

正因为如此,伊斯兰拯救阵线的胜利才引起了阿国内民族主义和其他世俗力量极大的不安和惊慌。在第一轮投票之后,阿总工会、商业界、银行界、文艺和科技界的许多人都纷纷行动起来,呼吁选民阻止伊阵在第二轮投票中获胜。在此情况下,1992年1月11日,阿总统沙德利宣布辞职,军队控制了局势。

## 五、对现在和未来的挑战

军方和政界领导人举行紧急会议后,宣布取消原定1月16日的第二轮选举,并决定成立以布迪亚夫为首的5人最高国务委员会。布迪亚夫警告说,虽然伊斯兰教是全体阿尔及利亚人的宗教,但"决不允许任何人垄断宗教或是利用它来达到可鄙的目的"。

伊斯兰拯救阵线也进行了反击。它宣布不承认最高国务委员会的权威,在各地的清真寺组织反政府的集会和示威,在首都阿尔及尔街头设置街垒路障,并与军警发生冲突。动乱迅速蔓延各地,一个多月内,全国已有上百人死亡,数千人受伤,局势极度动荡。政府调集了大批军队和警察,以控制日益混乱的局面。3月初,军政府正式宣布伊斯兰拯救阵线为非法组织,说它企图以颠覆行动危害公共秩序和国家安全。当局逮捕了数千名伊阵成员和支持者,还发布命令,禁止举行大型集会和利用清真寺进行政治宣传。伊斯兰拯救阵线被迫转入地下,但暴力活动有增无减,军人和警察成了袭击的目标。

6月29日,最高国务委员会主席布迪亚夫来到工业城市安纳巴主持当地文化中心的落成典礼。当他正在讲台发表讲话时,帷幕后突然响起一声爆炸,就在烟雾还未消散时,一名手持冲锋枪的男子冲过来向布迪亚夫一阵猛射,布迪亚夫应声倒地,遭到了

## 传统的回归：当代伊斯兰复兴运动

1981年埃及总统萨达特同样的命运。究竟谁是这一谋杀事件的策划者？其动机又是什么？虽然没有哪个组织声称对此负责，但人们都把怀疑的目光投向被取缔的伊斯兰拯救阵线。布迪亚夫死后，阿尔及利亚军政府与伊斯兰原教旨主义者之间镇压——报复——再镇压——再报复的暴力循环在不断地重复着。

冰冻三尺，非一日之寒。伊斯兰原教旨主义在阿尔及利亚的崛起当然不是一夜之间的事。

位于北非的阿尔及利亚，经过8年的武装斗争，于1962年赶走法国殖民者，取得独立。当时社会主义思潮正风行于阿拉伯世界，所以独立后的阿尔及利亚在1963年的宪法中规定本国是一个"民主人民共和国"，1967年又进一步规定阿是一个社会主义国家。当时的领导人称，要把伊斯兰道德标准与社会主义革命原则融为一体。在60—70年代，由于政局稳定，并有丰富的石油收入，阿尔及利亚曾有过一段经济发展迅速，社会安定繁荣的时期。但到了80年代，由于石油收入减少和人口急剧膨胀，人民生活水平下降，加上长期执政的民族解放阵线党内贪污腐化和官僚主义日益严重，国内局势每况愈下，最终出现了普遍的动荡。

在这种形势下，伊斯兰复兴的浪潮自然也席卷阿

## 五、对现在和未来的挑战

尔及利亚。越来越多的人相信,伊斯兰教是改变现实,摆脱困境的良方。全国的清真寺从80年代初的4000多座激增到90年代的1万多座。参加祈祷和礼拜的人越来越多。近几年,每逢星期五,清真寺内总是爆满,寺外也是黑鸦鸦的祈祷人群。其他各派政治力量对现状也十分不满,而一些西方国家,如法国、美国,也时常攻击阿尔及利亚,说它在政治上"专制"、"独裁"。在国内外压力下,阿尔及利亚前总统沙德利于1989年2月宣布修改宪法,取消了原宪法中关于社会主义的全部内容,不再强调实行民族解放阵线的一党专政,并且还在公民权利方面增加了政治结社和罢工的自由,从而拉开了阿尔及利亚从一党制向多党制过渡的序幕。沙德利宣布政治改革后不久,伊斯兰拯救阵线就应运而生,成为向执政30年的民阵党发起挑战的强大对手。

伊斯兰原教旨主义在阿尔及利亚政坛的崛起,使许多西方观察家深感吃惊。一些人说阿尔及利亚将成为第二个伊朗。法国报纸惊呼,在伊斯兰旗帜下的阿尔及利亚将是对法国和整个欧洲的严重威胁。而一名美国观察家则不无诙谐地评论说,阿尔及利亚想要民主,想不到却请来了"神主"。

## 3. 约旦河西岸和加沙地带的"哈马斯"

1992年12月中旬,5名以色列士兵在加沙遭袭击身亡,两天后一名警官被绑架后处死。作为报复行动,以色列当局把被占领地区的415名巴勒斯坦人驱逐到黎巴嫩南部。而黎巴嫩政府也拒绝接受这批人,从而使他们处于进退无门的境地。这一事件受到国际社会的普遍关注。以色列称这批人都是伊斯兰原教旨主义极端分子,说他们大多数是"哈马斯"的成员。

80年代初,受到伊朗伊斯兰革命、埃及伊斯兰原教旨主义者刺杀萨达特总统、黎巴嫩穆斯林武装力量崛起等一系列事件的鼓舞,约旦河西岸和加沙地带伊斯兰教势力也日趋活跃,并出现了"伊斯兰圣战"、"伊斯兰解放党"等大大小小的一些地下政治和军事组织。到80年代末,几经分化组合,在占领地区形成了两支主要的反以力量:一支是巴解组织主流派法塔赫,另一支就是哈马斯。"哈马斯"是阿拉伯语"伊斯兰抵抗运动"(Harakat aI—Muqawama al—IsIamiya)的简称,它自称是属于分布在许多阿

## 五、对现在和未来的挑战

拉伯国家的"穆斯林兄弟会"组织的一个分支。

据以色列有关人士估计,到1992年,哈马斯的成员约有2万人,并拥有大批的支持者和同情者。哈马斯在加沙地带的影响尤为强大,据说当地50%的人都是哈马斯的支持者;其势力在约旦河西岸稍小一些,但近来发展也很快。哈马斯的成员来自各行各业,他们大多数是年轻人,其中有很多人是知识分子和大学生。哈马斯的活动经费主要有两个来源:一是巴勒斯坦当地穆斯林的捐助和成员们交纳的会费;另一个来源是国外的资助,包括一些伊斯兰国家政府,如伊朗、沙特阿拉伯、科威特给予的资助,以及海外穆斯林的私人捐助。后一项是近年来哈马斯主要的财政来源,每年都有上亿美元。

哈马斯的创建者和领导人是阿赫默德·亚辛教长。他1985年曾被以色列当局以谋杀罪逮捕入狱,后在人质交换中获释。当1989年以色列宣布"哈马斯"为非法组织后,他再次被捕,现仍在以色列狱中。亚辛教长腿有残疾,经常坐一辆轮椅行动,被称为"轮椅上的原教旨主义活动家"。哈马斯的另一位领导人是阿卜杜拉-阿齐兹·兰蒂西,他曾获得过博士学位,是加沙伊斯兰大学的教师。

1988年哈马斯在约旦河西岸和加沙地带广泛散

发了一份《哈马斯宪章》。这份文件的主要内容包括：（1）哈马斯的指导原则是神圣的伊斯兰教，它是穆斯林兄弟会在巴勒斯坦的分支组织，也是世界伊斯兰运动的一个组成部分。哈马斯反对世俗的民族主义、共产主义和资本主义。（2）哈马斯的斗争目标是在从地中海到约旦河的巴勒斯坦土地上建立一个伊斯兰共和国。哈马斯强调说，整个巴勒斯坦的土地是伊斯兰的"瓦格夫"（神圣教产），它的任何一部分都是不可放弃的。（3）哈马斯致力于消灭犹太复国主义和以色列敌人，解放巴勒斯坦的"圣地"。它宣称"圣战"是每个穆斯林的职责，号召全世界的穆斯林都来参加解放巴勒斯坦的"圣战"。（4）反对任何一种和平解决巴勒斯坦问题的提议、方案和国际会议。哈马斯认为，巴勒斯坦的主权属于真主，它是不可谈判，也是不可出让的，要解决巴勒斯坦问题，除了圣战，别无他途。（5）哈马斯认为它与巴勒斯坦解放组织的斗争目标接近，但它反对巴解组织要把巴勒斯坦建成一个世俗国家的计划，宣称"只有当巴解组织有朝一日接受了伊斯兰道路，我们才会成为它的战士"。

哈马斯的反以活动主要有两种方式。一是组织被占领土的巴勒斯坦人举行反对以色列的游行、示威、

## 五、对现在和未来的挑战

罢工等抗议活动,这往往会发展为与以色列军警的暴力冲突,并得到国际社会的声援;另一种形式是武装斗争,如伏击以色列的军车,制造爆炸事件,组织小规模突击队袭击、绑架以色列军警和在约旦河西岸加沙地带的犹太定居者,等等。由于有很多支持者,他们在袭击行动得手后很容易在当地穆斯林的掩护下隐匿起来,使以色列军警无法查找。

1990年10月,耶路撒冷发生21名巴勒斯坦人被以军警打死的"圣殿山惨案"后,哈马斯声称"我们的斗争已成了伊斯兰教与犹太教的战斗",号召对犹太人进行"白刃战"。武装活动日趋频繁,袭击的目标也从以色列军警和定居者发展到以色列国内的犹太人。仅在1992年下半年,哈马斯就进行了10多次这种袭击,造成以色列30多人伤亡。这种零星的打击使以色列当局十分头痛,造成了不可忽略的累计伤亡,在以色列国内引起了普遍的恐惧和不安。

哈马斯开展的另一重要活动是打击巴勒斯坦人中与以色列的合作者。它在一份传单中宣布:"任何(与以色列的)合作者都是叛教者,都将按真主的法律被处死。"这种消灭"内奸"的活动近年来也有加剧的势头。据以色列军方公布,被巴勒斯坦人杀死的"合作者"的人数,1988年为16人,1989年为139

人，1990年为176人，1991年为240人。这些"合作者"大部分是被哈马斯处死的。哈马斯还要求穆斯林严格按伊斯兰教规生活，要人们按时礼拜，要求妇女戴头巾面纱。在加沙的墙上甚至出现了这样的标语："哈马斯认为不戴面纱是某种通敌行为。"

以色列政府称哈马斯为"恐怖组织"。为了消除哈马斯的威胁，以色列采取了一系列措施，包括驱逐、逮捕和分化瓦解。1991年初，在一次大规模的行动中，以色列逮捕了300多名哈马斯成员，把这个组织的4名领导人驱逐到黎巴嫩南部。1992年12月，当5名以军士兵遭袭击而死亡后，以政府再次采取严厉措施，把400多名哈马斯成员和支持者驱逐到南黎巴嫩，逮捕了1500多人，并声称，哈马斯的大部分基层组织已被摧毁。以色列总理拉宾宣称："我们决不允许怖恐主义分子危害我们人民的生命安全，也决不允许他们危害中东和平进程。以色列将与恐怖主义者进行不妥协的斗争……我们决不怜悯他们。"

受哈马斯崛起影响最大的除以色列外，就要算巴勒斯坦解放组织了。巴解组织与哈马斯虽然在反对以色列的大方向上有共同之处，但双方在意识形态以及斗争的目标和方式等问题上存在着重大的分歧。一些巴解组织的支持者，尤其是在以色列统治下成长起来

## 五、对现在和未来的挑战

的年轻一代,他们既仇恨以色列的军事占领,也对巴解的一再失利即退让深感失望。他们一方面看到了伊斯兰教在中东地区的复兴,及其表现出来的巨大力量,另一方面他们也为哈马斯的激进立场和战斗精神所吸引,于是纷纷转向哈马斯。

哈马斯与巴解为了争取支持者和扩大自己的影响,经常互相攻击。巴解组织指责哈马斯企图取代巴解组织,破坏巴勒斯坦事业,为美国和以色列的利益服务。而哈马斯则攻击巴解出卖巴勒斯坦人民的利益,是背叛伊斯兰教的"异教徒"。双方甚至从唇枪舌剑发展到兵戎相见。1991年下半年,巴解与哈马斯的支持者在加沙和纳布卢斯多次发生冲突。1992年3月,双方又在加沙发生了严重的冲突,死伤100多人。据报道,被哈马斯以"与以色列合作者"名义秘密处死的人中,就有一些是巴解组织的支持者。对于巴勒斯坦这两大派的"鹬蚌相争",以色列自然乐得坐收"渔人之利"。

## 4. 中亚争夺战

阿富汗,经过14年战争,当支持喀布尔政府的苏联军队撤走后，政府军终于再也敌不住游击队的猛烈攻势了。1992年4月，喀布尔政府分崩离析，树倒猢狲散。总统纳吉布拉仓惶出逃，被已哗变的部队扣押下来。月底，由各派游击队协商组成的临时政府进入喀布尔接管政权，标志着阿富汗进入了一个"伊斯兰化"的新时期。国名从原来的"阿富汗民主共和国"改为"阿富汗伊斯兰共和国"。新政府刚成立，一系列旨在建立"伊斯兰社会"的命令就发布了：喀布尔几十家电影院被关闭，电视台的节目受到严格检查，要求所有妇女在公共场所一律戴上面纱，并建立了一个伊斯兰公共秩序委员会来打击违反教规者。

伊斯兰各派争夺权力和地盘的斗争也变得激烈起来。属原教旨主义派的伊斯兰党领导人希克马蒂亚尔与较温和的伊斯兰促进会的马苏德都握有重兵，由于双方在权力分配和对教义的解释方面存在严重分歧，互不相让，以至兵戎相见。后来其他派别也卷进来，刚从战火中解脱出来的阿富汗又陷入了混战之中。也有人认为，无论目前如何混乱，那只是伊斯兰各派之间的分歧而已，而阿富汗已成为一个名副其实的伊斯兰国家这一事实是不会再改变了。一旦国内稳定下来，它对中亚、西亚和南亚各国都将会产生重大的影响。

## 五、对现在和未来的挑战

苏联的解体,使中亚地区一下子就出现了五个新的伊斯兰国家:哈萨克、塔吉克、吉尔吉斯、乌兹别克和土库曼。这几个国家的6000万人口中绝大部分是穆斯林。伊斯兰教在中亚地区有悠久的历史传统。苏联长期实行打击宗教势力,限制宗教活动的政策。现在一旦实现了政治和宗教上的自由,一直被压抑的伊斯兰文化和宗教思潮开始迅速复苏,以填补意识形态方面"真空"。据报道,在许多办公室里,原来摆放列宁著作的地方如今摆上了《古兰经》。人们争相到沙特阿拉伯去朝觐。1989年前整个中亚地区大约有160座清真寺,而到1992年已达5000座。哈萨克斯坦的伊斯兰经学院从1所发展到9所。新建的清真寺和礼拜堂每到星期五总是车水马龙,热闹非凡,由毛拉主持的婚礼和葬礼受到越来越多的人欢迎。

在中亚各国复归传统的浪潮中,原教旨主义思想也活跃起来。一个致力于伊斯兰原教旨主义的"伊斯兰复兴党"最先于1990年在塔吉克成立,不久就发展到了中亚其他四国。该党宣称"苏联社会主义的消失,已在人民中造成了精神真空",唯有"伊斯兰教可以填补这一真空"。伊斯兰复兴党在许多地方建立了基层组织,其目标就是在"苏联的瓦砾堆上建起一批真正的伊斯兰国家"。该党在穆斯林群众中宣传原教旨主义主张，公开向政府发起挑战。目前，中亚各国政府都公开表示反对伊斯兰原教旨主义，长期的无神论教育也使多数群众不愿完全接受伊斯兰复兴党的主张。但是，一旦局势不稳，经济恶化，原教旨主义势力将会迅速发展。

中亚伊斯兰国家出现后，最引人注目的就是周边其他伊斯兰国家在这个地区的激烈竞争。由于中亚地区重要的战略地位和丰富的自然资源，各国都希望扩大自己在这里的影响。

伊朗从其强烈的伊斯兰意识形态出发，率先向中亚诸国出击，力图促使它们走上"伊朗模式的伊斯兰发展道路"。它与土库曼、阿塞拜疆有很长的共同边界，语言上与塔吉克相通。从1991年底开始，伊朗一再派出政府要员访问中亚诸国，向它们提供经济援助，并开放边界，联通航空、公路、铁路。同时还拨出巨款帮助中亚各国发展伊斯兰教育，援建清真寺，鼓励这些国家的人员到伊朗学习和培训。

土耳其与中亚各国突厥民族，在民族、血缘、语言、宗教传统方面都有很深的关系。中亚国家独立后，土耳其宣布把中亚地区作为其对外政策"优先考虑的问题"，向它们提供了不少经济援助和文化合作项目。土耳其与中亚地区发展关系受到了美国等西

## 五、对现在和未来的挑战

方国家的支持,认为可以有效地遏制伊斯兰原教旨主义的扩张。

巴基斯坦在中亚争夺战中也相当活跃。巴基斯坦认为它与这一地区过去同属统一的"伊斯兰文化区",只是被人为地分开了,现在它希望重新建立从里海到阿拉伯海的"伊斯兰新月区"。它同中亚各国签订了一系列经贸协议,提供贷款,修筑通往哈萨克和吉尔吉斯的高速公路,建议把卡拉奇作为中亚诸国的出海港口。

海湾阿拉伯国家也不甘落后。沙特阿拉伯外交大臣费萨尔1992年2月出访四个中亚伊斯兰国家,每到一国就签订一个援助协定,援助总额为15亿美元,后又追加7.5亿美元。科威特宣布向中亚国家提供10亿美元援助。埃及则邀请中亚的宗教学者到艾资哈尔大学进修,派人到中亚去宣传"埃及模式",以抵消伊朗在那里的影响。

1992年2月,由伊朗、土耳其、巴基斯坦建立的"伊斯兰经济合作组织"在德黑兰举行首脑会议,并吸收阿塞拜疆、土库曼、乌兹别克、塔吉克、吉尔吉斯五国为新会员国,哈萨克作为观察员参加活动。会议宣称这是一个可以与欧洲共同市场相比的、具有3亿人口的伊斯兰共同市场的开始。而美国则对伊朗

119

传统的回归：当代伊斯兰复兴运动

等国在中亚的活动表示不安，认为"将会导致伊斯兰原教旨主义的革命"，并希望与中亚领导人商讨如何防止"出现伊斯兰狂热"。

各个方面对地域辽阔的中亚的争夺正方兴未艾。可以肯定，伊斯兰教将在未来的中亚各国的政治和社会发展中起重要作用。

## 5. 走向21世纪的伊斯兰教

以伊斯兰原教旨主义为中心的当代伊斯兰复兴运动今天仍在继续和发展。原教旨主义者或是以极端暴力方式，或是以和平竞选的方式壮大着自己的力量，扩大着自己的影响。

自90年代初开始，在整个北非地区，各个国家都面临着暴力的或是非暴力的伊斯兰原教旨主义的威胁。

阿尔及利亚、埃及、突尼斯的政府一直在与极端的原教旨主义分子作斗争，但政府的镇压往往导致极端分子们更猛烈的报复和反抗。1993年初，这些国家的重大新闻几乎全是关于政府如何打击和镇压伊斯兰极端分子消息，逮捕、监禁、审判、处决。然而，

## 五、对现在和未来的挑战

就在同时,袭击、爆炸、绑架、暗杀的消息也在连篇累牍地出现。在埃及,伊斯兰极端分子还把暴力活动的矛头指向前来旅游观光的外国人。因为旅游业是埃及最重要的外汇收入之一,原教旨主义者们想通过袭击外国游客来打击旅游业,以达到破坏埃及经济的目的。穆斯林兄弟会虽然已宣布放弃暴力,但它与极端的伊斯兰原教旨主义之间仍有一种心照不宣的默契。一方在议会发表声援和宣言,要求得到人民的支持,另一方在社会上从事暴力活动,打击政府的力量,似乎在演着"红脸"和"白脸"的双簧。北非各国除了联手打击伊斯兰极端分子之外,还指责伊朗、苏丹支持和帮助这些极端分子。

原教旨主义在1989年的军事政变后已完全控制了苏丹政府,以哈桑·图拉比为首的原教旨主义领导人在国内全面实行伊斯兰化,向苏丹南部的非伊斯兰地区进行旨在"传播伊斯兰教的圣战",并向邻国输出伊斯兰原教旨主义。外界认为,苏丹已成了继伊朗之后又一个政教合一的"伊斯兰革命中心",并正在向周围散发着强大的影响,成为使它的所有邻国感到不安的"非洲的伊朗"。

几乎是不约而同地,在约旦和黎巴嫩的议会选举中,属伊斯兰原教旨主义的穆斯林兄弟会和真主党都大获全胜。约旦的侯赛因国王为了避免出现暴力冲突，已同意穆斯林兄弟会成为议会中最大的集团。而在黎巴嫩，基督徒和亲叙利亚的逊尼派却不愿承认什叶派真主党的胜利，权力的争夺仍在激烈进行。

1992—1993年原南斯拉夫的波黑内战中，交战的一方为当地的穆斯林。除了伊斯兰各国在国际社会中为他们大声疾呼外，一些国家的伊斯兰组织派出了志愿军前往波黑参加战斗，以保卫在当地的那些"伊斯兰大家庭"中的兄弟姐妹。

1992年印度尼西亚政府在各伊斯兰组织的压力下，又宣布恢复实施曾一度取消的宗教组织参政法。

1993年在印度，由于伊斯兰教与印度教冲突的加剧，发生了一座古清真寺被拆毁的事件后，穆斯林中的激进情绪正在蔓延。

……

由于重新出现的伊斯兰原教旨主义在伊斯兰世界已呈燎原之势，美国驻开罗记者惊呼，伊斯兰原教旨主义正以强劲的势头把世界带入21世纪。英国的《情报文摘》在预测未来时，把伊斯兰教在世界事务中将发挥越来越重要的作用列为世界未来七大趋势之一。

# 代结语：
# 伊斯兰复兴运动的原因

宗教作为人类社会一定时期的产物，它的兴衰是受人对自然和社会的认识能力制约的。随着人们认识和改造自然及社会能力的增强，从总的趋势来说，宗教的力量必然会削弱，直至最后消亡。当我们回顾佛教、基督教或是其他一些宗教的历史时，我们可以认为这是一条发展规律。那么，当代伊斯兰复兴运动的出现应该如何来解释呢？

首先，最重要的是，我们应该了解伊斯兰教的特殊性。

一说起宗教，人们很自然便会联想到天堂、地狱、鬼神，想到神秘的寺院、肃穆的教堂，香烟缭绕，祈祷声声。特别是现代中国人的心目中，宗教是一种虚无缥缈、神秘莫测、完全属于精神世界的东西。因此，许多人对当代伊斯兰世界所发生的一切感到很难理解。他们无法想象伊斯兰作为一种"宗教"，竟有如此巨大的能量，能使一个强大的政权，一支庞大的军队顷刻之间土崩瓦解，能使千百万人前赴后继，视死如归地去参加"圣战"，也无法理解为何千千万万穆斯林每天要顶礼膜拜，要倾家荡产去朝觐，在日常生活中的穿衣吃饭，举手投足都要遵守某种特殊的规定。因此，一些人只能用"狂热"、"激进"，甚至"愚昧"、"野蛮"这些词汇来解释。这实际上只能说明对伊斯兰教的无知。

在某种意义上，伊斯兰教也与基督教、佛教等其他宗教一样，是一种精神信仰。它相信真主的存在，相信人世间的一切都是真主的意志，还相信世界末日论。它也有经典（《古兰经》和圣训），有一整套宗教仪式（五功），以及教职人员（乌里玛、毛拉等）。但对于真正的穆斯林来说，伊斯兰教远不止这些，它还是一种价值观念，一套完整的社会、政治和法律制度，一种文化体系以及一种生活方式。

在理论上和在早期伊斯兰教的实践中，伊斯兰社会里是没有宗教与世俗的区别的。伊斯兰教本身就与社会生活的各个方面紧密相连，《古兰经》和圣训中

## 代结语：伊斯兰复兴运动的原因

很多内容就是指导穆斯林的日常生活的。可以这样说，伊斯兰教不仅像其他宗教一样确定人与神之间的关系（即精神信仰），而且还确定人与人之间的关系（即社会生活）。作为一个穆斯林，伊斯兰教对他来说不仅仅是一种精神信仰，而且是他生活的一切。他一生下来就是一个穆斯林，不存在入教、皈依或受洗之类的仪式。他的社会环境和生活方式对他来说就是伊斯兰教，无论他是否参加礼拜、斋戒、朝觐等活动，他都是一个穆斯林。所不同的是参加了这些活动，他是一个好穆斯林，否则就不是一个好穆斯林。

伊斯兰教最突出的特点之一就是政治与宗教之间的紧密联系。教义认为，世间一切权力都属于真主，穆斯林必须服从真主，服从真主的使者穆罕默德，以及服从穆斯林中的具有权威的人。穆斯林组成的宗教社团就是国家，宗教领袖就是国家的领导人，伊斯兰教法就是国家的法律。这样，整个政治体系都是建立在伊斯兰教基础之上的。

穆罕默德创立了伊斯兰教，同时，也创建了伊斯兰国家。在这里，政治和宗教是合为一体的，宗教即等于政治。

理解了伊斯兰教的"教俗不分"、"政教合一"的特点，我们就不难理解为什么会出现"伊斯兰复

## 传统的回归：当代伊斯兰复兴运动

兴"的现象了。正是由于伊斯兰教的这一特殊性，当出现社会危机或政治危机时，"伊斯兰复兴运动"便会作为一种本能的反应而发生。

其次，应该看到，引起当代伊斯兰复兴运动的直接原因是现代伊斯兰世界所面临的政治和社会危机。

从本世纪初起，穆斯林在反对西方帝国主义和殖民主义的斗争中，高举伊斯兰教与民族主义相结合的旗帜，取得了民族解放运动的胜利。后来民族主义逐渐成为斗争的主要旗帜。第二次世界大战后，伊斯兰世界出现了一系列独立的民族国家，各国的政治体制基本上是建立在世俗基础之上的。传统的伊斯兰教的地位和影响被削弱，各国社会中都出现了世俗化和西方化的趋势。

战后30年来，伊斯兰各国在探索发展道路的过程中，先后尝试过源于西方的各种政治模式，如埃及实行过纳赛尔式的"阿拉伯社会主义"，伊拉克、叙利亚实行的是阿拉伯复兴党的社会主义，伊朗、土耳其则采取了西方资本主义式的"自由经济"等，但都没有取得预期的发展效果。在意识形态方面，民族主义、自由主义、社会主义、共产主义等外来思想也先后流行于一些国家中，但始终都没有在广大的穆斯林中扎下根来。反而引起许多国家的动乱和不稳，如

## 代结语：伊斯兰复兴运动的原因

频繁的战乱、政变、独裁等，并导致外国的插手和干涉。这一切都使人们对外来的政治思想和政治制度感到怀疑和失望，认为它们不适用于伊斯兰社会。

50—60年代，各伊斯兰国家都努力致力于工业化和现代化经济建设。在现代化进程中，出现了一系列新的社会问题，如两极分化严重、失业、贫困、犯罪，以及城市畸形发展、环境污染、人口膨胀、交通混乱等，社会矛盾日益尖锐。由于各种原因，大多数伊斯兰国家的经济发展水平都十分低下，经济基础单一落后，对外依赖严重，广大的穆斯林群众生活困苦。即使少数石油生产国中，巨额的财富也是集中于少数人手中，社会分配十分悬殊。这些都与伊斯兰教所提倡的"正义、平等、友爱"格格不入。

世俗化、西方化和现代化的发展，使大量非伊斯兰的价值观念、文化、生活方式进入伊斯兰社会，给传统的道德观念、生活方式带来巨大的冲击，传统的社会结构和家庭、部族关系发生了动摇。社会政治、经济结构的变化速度远远超过了人民群众思想意识的发展水平和承受能力。西方文化中许多腐朽的东西不断侵蚀着伊斯兰文化。穆斯林群众对此感到迷惘和苦闷，把这一切都归咎于宗教意识的淡漠和忘却，归咎于世俗化和现代化的发展。他们带着这种不满的情绪，希望到早期的宗教教义中找到解决现实问题的答案，把解脱现世的苦难和民族振兴的理想寄托于伊斯兰教的复兴。

在对外关系上，各国政府不仅无力抗拒外来势力的渗透和控制，反而不得不依附于超级大国。在与犹太复国主义争夺巴勒斯坦的斗争中，有上亿人口的阿拉伯国家一再败给只有300多万人的以色列。尤其是在1967年的"六·五"战争中，大片阿拉伯土地被以色列占领，就连伊斯兰教的重要圣地耶路撒冷也完全落入以色列人手中。这对每个穆斯林来说，不能不是一种极大的耻辱。伊斯兰复兴运动兴起于美苏在全球争霸的高潮时期，发展于阿拉伯国家1967年惨败之后，并不是某种历史的巧合，而是有着必然的因果联系的。

当代的伊斯兰复兴运动在未来相当长的一个时期内，作为穆斯林对社会和政治发展道路的探索，还会继续进行下去，并将有各种各样不同的表现形式。